D1876658

Donald Macleod

Geheimnis Gott

Die Bedeutung der Dreieinheit
für Glauben und Leben

Donald Macleod

GEHEIMNIS GOTT

Die Bedeutung der Dreieinheit
für Glauben und Leben

Bibelzitate - wenn nicht anders ausgewiesen -
nach der Revidierten Elberfelder Bibel
© 1985/1991/2008 SCM R.Brockhaus
im SCM-Verlag GmbH & Co. KG, Witten

Impressum

Macleod, Donald:
Geheimnis Gott
Die Bedeutung der Dreieinheit für Glauben und Leben

Titel des englischen Originals:
Shared Life
The Trinity & the Fellowship of God's People
© Donald Macleod
First published in 1994, reprinted in 1999, 2002, 2005, 2006 an 2011
by Christian Focus Publications, Ltd., Geanies House, Fearn, Ross-shire, IV20 1TW, Scotland
www. christianfocus.com
All rights reserved. Translated into german language by permission.

© 2013 der deutschen Ausgabe:
Christliche Verlagsgesellschaft mbH, Dillenburg
www.cv-dillenburg.de
Übersetzung: Martin Plohmann, Bielefeld
Satz: Christliche Verlagsgesellschaft, Dillenburg
Druck: CPI Moravia Books, Pohorelice

Printed in Czech Republic

Inhalt

Teil 1

Ein Gott: drei Personen

Kapitel 1

Biblische Beweise

Der Begriff *Dreieinheit* kommt in der Bibel nicht vor; ebenso wenig findet sich ein einzelner Vers, der die Lehre mit den exakten Worten wiedergibt, die Christen zu allen Zeiten benutzt haben. Was wir allerdings haben, sind ein paar eindeutige Lehren, die drei wichtige Tatsachen beinhalten: 1) Gott ist einer; 2) der Vater, der Sohn und der Heilige Geist sind Gott; und 3) der Vater, der Sohn und der Heilige Geist sind verschiedene Personen. Die Lehre von der Dreieinheit ist ein Versuch, all diesen Punkten gerecht zu werden. Um zu verstehen, warum die Gemeinde es mit den uns heute vertrauten Begriffen ausdrückte, müssen wir uns sowohl die biblische Lehre ansehen als auch die von Christen geführten Diskussionen, insbesondere im 4. Jahrhundert.

Die Lehre an sich ist für Christen von äußerster Bedeutung. Sie ist der eine Glaube, den das Volk Gottes an allen Orten gemeinsam hat. Sie ist entscheidend für unser Verständnis von Gott und Mensch. Und sie ist für uns das Vorbild, nach dem wir leben sollen, vor allem in unseren Beziehungen zueinander. Nur wenn wir sie richtig verstehen, kann in uns ein Gespür für ihr Geheimnis, die Hingabe an Gott und echte Menschlichkeit entstehen, welche den Kern des Glaubens ausmachen.

Gott ist einer

Die absolut wichtigste Lehre des Alten Testaments ist die Einheit Gottes: »*Höre, Israel: Der Herr, unser Gott, ist ein Herr!*« (5Mo 6,4; Elberfelder 2003). Das stand im Gegensatz zu den Überzeugungen der Nachbarn Israels, von denen die meisten *Polytheisten* waren und glaubten, dass es viele Götter gab. Dies bedeutete im Grunde, dass hinter jeder Naturgewalt (wie beispielsweise Sonne, Regen, Donner, die Felder und die Meere) ihr jeweils eigener Gott stand. Der einzige Fortschritt diesbezüglich war das, was als *Henotheismus* bekannt ist. Wer diese Anschauung vertrat, glaubte, dass jedes Land seinen eigenen Gott hatte: in anderen Ländern mag es höhere Götter gegeben haben, aber ihr spezieller Gott war in ihrem Land der höchste.

Israels Glaube stand in krassem Gegensatz dazu. Sie glaubten, dass der Herr ein alleiniger Gott war: Er war Gott über die ganze Erde, der einzige existierende Gott (Jes 45,22). Andere Götter waren Götzen, aber der Herr erschuf wirklich etwas: Er machte den Himmel (Ps 96,5).

Gottes Einheit bedeutete nicht nur, dass er *der einzige Gott* war, sondern auch *ein einzelnes Wesen.* Der Herr war einer und besaß in sich jede Macht und Vollkommenheit der Gottheit. Er war der alleinige Ursprung der Gnade, der einzige Urheber der Schöpfung und der einzige Gegenstand der Anbetung.

Die Lehre von der Dreieinheit weicht in keiner Weise

von dieser alttestamentlichen Lehre ab. Wir können sogar sagen, dass 5. Mose 6,4 der wichtigste Text in der Bibel für den christlichen Glauben ist. Die Einheit Gottes ist die Grundlage unseres Bekenntnisses. Wenn wir Christus als Herrn bekennen, dann betrachten wir ihn nicht als einen zweiten Gott, sondern als identisch mit dem Schöpfergott des Alten Testaments.

Gott ist mehr als einer

Obwohl das Alte Testament so nachdrücklich auf der Einheit Gottes besteht, scheint es doch wenig über den zweiten Aspekt der Lehre von der Dreieinheit zu sagen zu haben: die Vorstellung, dass Gott mehr als nur einer ist. Der Grund dafür ist einfach. Die alttestamentlichen Verfasser mussten alles unternehmen, um das Volk vor Götzendienst und Polytheismus zu schützen. Erst wenn der Glaube an den Herrn als einzige, ausschließliche Gottheit fest gegründet war, wäre es angebracht, in der Offenbarung fortzuschreiten und deutlich zu machen, dass die Einheit Gottes aus dem Vater, dem Sohn und dem Heiligen Geist bestand. Darauf findet sich im Alten Testament kaum ein Hinweis. Kein Personenkreis, der nur das Alte Testament besaß, wusste jemals von der Lehre von der Dreieinheit.

Wissen wir aber erst einmal, dass Gott ein dreieiner Gott ist, entdecken wir auch die Hinweise darauf im Alten Testament. Augustinus erklärte in einem berühmten Ausspruch, dass das, was im Neuen Testament offenkundig, im Alten Testament verborgen ist. Noch kunstvoller ausgedrückt: Er verglich das Alte Testament mit einem vollständig eingerichteten, aber nicht beleuchteten Zimmer. Solange wir kein Licht haben, können wir nicht sehen, was sich darin befindet. Haben wir aber welches, ist alles deutlich zu erkennen. Und trotzdem ist nichts da, was nicht auch schon zuvor dort war.

Augustinus' Beobachtungen treffen speziell auf die Lehre von der Dreieinheit zu. Ohne das Licht des Neuen Testaments können wir keinen Hinweis darauf entdecken, dass Gott mehr als einer ist. Doch nachdem das Neue Testament enthüllt hat, dass Gott durch drei Personen, dem Vater, dem Sohn und dem Heiligen Geist, repräsentiert wird, können wir Dinge im Alten Testament erkennen, die in dieselbe Richtung weisen. Das Neue Testament bringt diese Dinge nicht erst dort hin, es zeigt uns lediglich, dass sie da sind.

Elohim

Einer dieser alttestamentlichen Hinweise ist *Elohim*, der am häufigsten verwendete Name Gottes. Dieses Wort steht im Plural. Grammatikalisch korrekt sollte es mit *Götter* übersetzt werden. Manchmal bezieht es sich auf Engel und wird dann im Plural übersetzt (vgl. Ps 8,6 mit Hebr 2,7). Besonders wichtig: Für den Gott Israels wird es mit einem Verb oder Adjektiv im Singular benutzt (so, als sollten wir sagen: »Die Götter *ist*«). Es wäre zu viel gesagt, dass diese merkwürdige Grammatik die Lehre von der Dreieinheit *lehrt*. Aber sie stimmt jedenfalls mit ihr überein, und wenn wir berücksichtigen, dass letzten Endes Gott den Wortschatz des Alten Testaments festgelegt hat (2Tim 3,16), können wir jetzt erkennen, dass er sich aus gutem Grund selbst *Elohim* nannte. Der Plural verweist nicht nur auf die Wahrheit, dass Gott aus mehreren Personen besteht, sondern auch darauf, dass sie völlige Gemeinschaft miteinander haben. Die neutestamentliche Enthüllung des Vaters, des Sohnes und des Heiligen Geistes ist die beste und womöglich die einzige Erklärung, weshalb Gott sich einen Pluralnamen gab.

»Uns« und »unserm«

In 1. Mose 1,26 finden wir einen weiteren Hinweis auf die Lehre von der Dreieinheit: »*Lasst* ***uns*** *Menschen machen in* ***unserm*** *Bild,* ***uns*** *ähnlich!*« Diese Worte können sich kaum, wie manche behaupten, auf eine Beratung *zwischen Gott und den Engeln* beziehen. Der Mensch wurde nicht von Engeln geschaffen, ebenso wenig wie nach dem Bild der Engel. Gott erschuf den Menschen in seinem Bilde, und die Worte in 1. Mose 1,26 lassen darauf schließen, dass Gott sich mit sich selbst beraten hat. Eine ähnliche Sprache finden wir in Jesaja 6,8: »*Wen soll ich senden, und wer wird für uns gehen?*«

Für sich genommen reicht keine dieser Stellen für den Glauben aus, dass Gott eine Dreieinheit ist. Wenn wir diese Lehre jedoch aus anderen Quellen (dem Neuen Testament) entnehmen, können wir sofort erkennen, dass Gott von Anfang an auf eine Weise redete, die die tiefsten Wahrheiten über ihn selbst zum Ausdruck brachten, auch wenn diese Wahrheiten von denen, an die sie gerichtet waren, noch nicht verstanden werden konnten.

Der Engel des Herrn

Der eindeutigste von allen alttestamentlichen Hinweisen auf die Dreieinheit ist allerdings die Persönlichkeit, die als »*der*

Engel des Herrn« bekannt ist. Das Bemerkenswerte an ihm ist, dass er sowohl vom Herrn unterschieden als auch mit ihm identifiziert wird.

So *unterscheidet* er sich zum Beispiel vom Herrn durch die Form seines Namens: der Engel *des* Herrn. Zudem spricht er von Gott als jemandem, der sich von ihm unterscheidet. In 1. Mose 16,11 sagt der Engel beispielsweise zu Hagar: »*Der HERR hat auf dein Elend gehört.*« In ähnlicher Weise redet er in 1. Mose 22,12 zu Abraham: »*Denn nun habe ich erkannt, dass du Gott fürchtest.*«

In 1. Mose 24,40 wird die Unterscheidung sogar noch klarer, wenn Abraham zu seinem Diener, den er aussendet, um eine Frau für Isaak zu finden, sagt: »*Der HERR ... wird seinen Engel mit dir senden und wird deine Reise gelingen lassen.*«

Doch in anderen Stellen wird der Engel zweifellos mit Gott *identifiziert.* Eines der deutlichsten Beispiele dafür findet sich in 1. Mose 31,11-13: »*Und der Engel Gottes sprach im Traum zu mir: Jakob! Und ich sagte: Hier bin ich! Und er sprach: ... Ich bin der Gott von Bethel. ... Mache dich jetzt auf, zieh aus diesem Land und kehre zurück in das Land deiner Verwandtschaft!*« Dergleichen finden wir auch in den Worten des Engels an Hagar: »***Ich** will deine Nachkommen so sehr mehren, dass man sie nicht zählen kann vor Menge*« (1Mo 16,10). Hier verheißt der Engel etwas, das nur Gott tun kann. In 1. Mose 22,17 gibt er Abraham eine ähnliche Verheißung: »***Ich** werde dich reichlich segnen und deine Nachkommen überaus zahlreich machen wie die Sterne des Himmels und wie der Sand, der am Ufer des Meeres ist.*« Der betagte Jakob rief den Engel des Herrn an, als er in 1. Mose 48,16 die Söhne Josefs segnete: »*Der Engel, der mich von allem Übel erlöst hat, segne die Knaben.*« Jahrhunderte später wies der Prophet Hosea auf eine andere Begebenheit im Leben des Patriarchen hin: »*Schon im Mutterschoß hielt er die Ferse seines Bruders, und in seiner Manneskraft kämpfte er mit Gott; er kämpfte mit dem Engel und siegte, er weinte und flehte zu ihm; in Bethel hat er ihn gefunden, und dort hat Er mit uns geredet - nämlich der HERR, der Gott der Heerscharen, dessen Gedenkname HERR ist.*« (Hos 12,4-6; Schlachter 2000).

Der Engel des Herrn wurde sicherlich nicht gesandt, um die Lehre von der Dreieinheit zu offenbaren. Wie wir gesehen haben, war es das große Anliegen des Alten Testaments, dem Volk Israel deutlich zu machen, dass es nur einen einzigen Gott gab. Jede vorzeitige Enthüllung, dass Gott aus mehreren Personen bestand, hätte das Risiko des Polytheismus vergrößert (das schon groß genug war). Der Engel kam, um dem Volk Gottes zu *helfen.* Er führte den Willen des Herrn aus. Die Offenbarung des innersten Wesens Gottes war nicht sein Auftrag. Indem er dem Volk half, enthüllte er jedoch nebenbei Wahrheiten über Gott selbst. Blicken wir vom Standpunkt des Neuen Testaments auf sein Wirken zurück, können wir erkennen, dass er von Gott gesandt werden und gleichzeitig selbst Gott sein konnte.

Das Neue Testament

Bevor wir ausführlich zur neutestamentlichen Lehre kommen, wollen wir zunächst ein paar allgemeine Punkte behandeln.

Die Dreieinheit wird in der Erlösung geoffenbart

Als erstes ist die neutestamentliche Enthüllung der Dreieinheit eng verbunden mit der Erfahrung der Errettung. Die drei Personen der Gottheit werden nicht direkt, sondern im Verlauf der Erlösung geoffenbart. Der Vater, der Sohn und der Heilige Geist haben ihren jeweils spezifischen Anteil an unserer Errettung, und wie so oft gibt Gott sein Wesen dadurch zu erkennen, was er tut. Hierin finden wir einen weiteren Grund, weshalb die Lehre von der Dreieinheit nicht im Alten Testament geoffenbart werden konnte. Die vollständige und letztendliche Wahrheit über Gott konnte nur im vollbrachten Werk der Erlösung sichtbar werden. Vor Bethlehem und Pfingsten war es schlichtweg unmöglich, von der Dreieinheit zu wissen.

Die Dreieinheit wird vorausgesetzt

Bemerkenswert ist auch, dass die Lehre von der Dreieinheit im Neuen Testament nicht offensiv unterbreitet wird. Sie hält sich im Hintergrund als etwas, das vorausgesetzt wird, beinahe so, wie wir heute davon ausgehen, dass die Erde rund ist, und es nicht für notwendig halten, die Menschen ständig daran zu erinnern.

So erklären die neutestamentlichen Verfasser beispielsweise nicht dogmatisch, dass Christus Gott ist und verteidigen und erläutern anschließend ihre Position. Ebenso wenig entfalten sie ausdrücklich ihren Glauben, dass der Heilige Geist eine Person ist. Wenn wir das Neue Testament aufschlagen, sehen wir, dass die ersten Christen diese Wahrheiten bereits kannten. Wir finden nicht, dass diese Überzeugungen wachsen, oder angegriffen und verteidigt werden, wie wir beispielsweise die Lehre von der Rechtfertigung aus Glauben verteidigen. Schon in den frühesten Schriften des Neuen Testaments beten Christen Jesus an und nennen ihn Herr.

Und dennoch ist den Schreibern die Sache keineswegs peinlich. Sie erwecken nicht den Anschein, als wären sie neuartig oder revolutionär. Das ist wirklich bemerkenswert. Sie alle waren Juden mit einem festen, nahezu fanatischen Glauben an den einen Gott. Aber doch beten sie im Heiligen Geist sowohl Jesus als auch Gott den Vater an, während ihre Führer gleichzeitig vor Götzendienst warnen! Die einzige mögliche Erklärung dafür ist, dass ihr Glaube an die Dreieinheit fest zu ihrem Glauben an den einen Gott gehört. Wenn der Sohn Gott ist, dann ist er der Gott des Alten Testaments. Wenn der Heilige Geist Gott ist, ist auch er der Gott des Alten Testaments. Das Erscheinen des Sohnes und des Heiligen Geistes bewirkte nicht, dass die Zahl der Gottheiten plötzlich zunahm, sondern offenbarte eine zuvor unbekannte Fülle und Tiefe im Wesen des einen Gottes.

Zudem müssen wir festhalten, dass die neutestamentlichen Verfasser für diese Wahrheiten nicht eine spezielle Fachsprache verwendeten, wie es heutige Theologen tun. Erst nachdem die Bücher und Briefe des Neuen Testaments geschrieben waren, führte die Gemeinde nach zahlreichen Diskussionen und Kontroversen neue Begriffe in den christlichen Glauben ein: Worte wie Dreieinheit, Person, Wesen und Substanz. Diese Worte finden sich nicht im Neuen Testament; zumindest nicht mit der Bedeutung, die sie heute haben. Für manche Christen, die meinen, wir sollten unsere Glaubensüberzeugungen nur mit biblischen Begriffen ausdrücken, ist das ein Problem. Schon zur Zeit von Johannes Calvin (1509-1564) führte das zu Schwierigkeiten, denen er in einem interessanten Abschnitt seiner berühmten *Institutio Christianae Religionis* (I.xiii,3; *Unterricht in der christlichen Religion*) begegnete. Besonders stark waren die Einwände gegen den Gebrauch des Wortes *Person* und Calvin entgegnete ihnen mit einer drei Punkte umfassenden Stellungnahme.

1. Er stimmte mit den Gegnern dieser Begrifflichkeit überein, indem er darauf bestand, dass wir verpflichtet sind, von Gott ebenso ehrfürchtig zu sprechen wie zu denken. Das bedeutet, jeder nichtbiblische Begriff in unserer Theologie muss Ehrfurcht zum Ausdruck bringen; alle Begriffe müssen sparsam und zurückhaltend und nachrangig zur Schrift verwendet werden.

2. Calvin meinte, es wäre unmöglich die Schrift auszulegen, würde man so verfahren, wie die Gegner es wünschten.

Wir könnten nichts anderes tun, als die Worte der Bibel zu wiederholen, da es verboten wäre, ihre Bedeutung mit unseren eigenen Begriffen auszudrücken.

3. Er behauptete, die beanstandeten Begriffe würden nichts anderes tun, als zu erklären, was in den Schriften stand – nämlich, dass es drei gab, die *Gott* genannt werden und es dennoch nur einen Gott gibt. Das, sagt Calvin, sei »verborgen und komplex«, und wir haben jedes Recht, es mit möglichst deutlichen Begriffen zu erklären.

Die Einheit Gottes wird erneut hervorgehoben

Es gibt noch einen weiteren allgemeinen Punkt, den wir berücksichtigen sollten. Das Neue Testament betont bewusst die Einheit Gottes. Es war kein Teil der alttestamentlichen Lehre, der vernachlässigt werden konnte, nachdem es mehr Einsicht in das Wesen Gottes gab. Ebenso wenig war es ein Punkt, der nur im Hintergrund lag. Er wurde klar und häufig gelehrt. In 1. Korinther 8,4 erklärt Paulus zum Beispiel: »*So wissen wir, dass es keinen Götzen in der Welt gibt und dass kein Gott ist als nur einer.*« In Epheser 4,6 schreibt er Ähnliches: Da ist »*ein Gott und Vater aller, der über allen und durch alle und in allen ist.*« Jakobus ist ebenso deutlich, wenn auch leicht ironisch: »*Du glaubst, dass nur einer Gott ist? Du tust recht*« (Jak 2,19). Es lassen sich viele ähnlich lautende Stellen finden (s. Gal 3,20; 1Tim 1,17; 2,5; Jud 1,25). Sie machen absolut klar, dass der christliche Glaube an einem alleinigen Gott festhält.

Matthäus, Markus und Lukas

Mit diesen Punkten im Sinn wollen wir uns einige neutestamentliche Stellen ansehen, die insofern den Gedanken der Dreieinheit stützen, indem sie uns alle drei Personen, den Vater, den Sohn und den Heiligen Geist, gleichzeitig vorstellen.

Das wird besonders deutlich bei der Taufe Jesu (Mk 1,9-11). Die Stimme des Vaters kommt aus dem Himmel, Jesus wird als Sohn Gottes anerkannt und der Heilige Geist fährt in Form einer Taube auf ihn herab. Der Vater, der Sohn und der Heilige Geist sind nicht Namen für ein und dieselbe Person. Sie reagieren und beziehen sich aufeinander und dienen sogar einander. Ebenso klar ist, dass jede von ihnen göttlich ist. Der Heilige Geist kommt aus dem Himmel. Jesus ist der Sohn Gottes.

In Matthäus 28,19 werden die drei Personen noch deutlicher gegenübergestellt: »*Geht nun hin und macht alle Nationen zu Jüngern, und tauft sie auf den Namen des Vaters und des Sohnes und des Heiligen Geistes.*« Bemerkenswert ist, dass ein derart wichtiger theologischer Aspekt in einer sehr praktischen Stelle auftaucht. Hier gibt der Herr seinen Jüngern ihren Handlungsauftrag. Sie sollen *gehen*, um zu lehren (wörtlich: Jünger machen). Des Weiteren soll die Belehrung zu Bekehrung, Bekenntnis und Taufe führen. Allerdings sollen die neuen Gläubigen nicht einfach nur den Namen Christi bekennen und auf ihn getauft werden. Es geht um viel mehr: um den Namen des Vaters und des Sohnes und des Heiligen Geistes. (Die praktischen Folgen werden wir später untersuchen. Wenn Jünger auf das getauft werden sollen, was sie kennen und woran sie glauben, muss ihnen die Predigt, die sie zu Christen macht, alle drei Personen der Dreieinheit vorstellen. Was bedeutet das für die Evangelisation heute?)

Der exakte Wortlaut dieser Aussage ist äußerst interessant. So spricht der Herr von dem Namen, nicht den Namen. Es ist *ein* Name: eine weitere Erinnerung an die Einheit Gottes. Aber dieser *eine* Name ist nun: »Der Vater, der Sohn und der Heilige Geist.« Stellen wie diese haben die frühe Gemeinde veranlasst, von drei verschiedenen Personen zu sprechen. Das ist besonders bedeutsam beim Heiligen Geist, da wir hin und wieder dazu neigen, ihn nur als eine abstrakte Kraft oder einen Einfluss anzusehen. Wäre er das, würde er wohl kaum im selben Atemzug genannt werden wie der Vater und der Sohn, bei denen niemand bestreitet, dass sie eine Person sind.

Den frühen Christen (im Gegensatz zu einigen später auftretenden Irrlehrern) wäre es wahrscheinlich nie in den Sinn gekommen, dass diese drei ein und dieselbe Person sind. Begebenheiten wie die Taufe Christi oder Pfingsten machten die Unterschiede zwischen dem Vater, dem Sohn und dem Heiligen Geist ganz klar. In Matthäus 28,19 macht der Herr selbst eine deutliche Unterscheidung zwischen ihnen. Er sagt nicht: »auf den Namen des Vaters, Sohnes und Heiligen Geistes«, sondern: *»auf den Namen* ***des*** *Vaters und* ***des*** *Sohnes und* ***des*** *Heiligen Geistes.«* Stände für alle drei nur ein *des* im Text, würden uns Kenner der Grammatik sofort sagen, dass Vater, Sohn und Heiliger Geist eine unteilbare Person sein müssen. Aber der Herr setzt jedem Titel einen Artikel voran, um sicherzustellen, dass sie in Wahrheit drei verschiedene Personen sind, die einen Namen teilen (etwas, das wir bereits aufgrund der Tatsache wissen, dass der Vater den Sohn *sandte* und der Heilige Geist ihn *leitete*).

Die Schriften des Johannes: das Johannes-Evangelium

Das Johannes-Evangelium enthält viele der tiefgehendsten Worte, die je von Menschen geschrieben wurden, und viele dieser Aussagen behandeln wiederum die Beziehung zwischen dem Vater, dem Sohn und dem Heiligen Geist. Mehr als jede andere christliche Schrift drängte dieses Evangelium die Gemeinde dazu, das festzulegen, was wir heute als die Lehre von der Dreieinheit kennen. Trotzdem müssen wir berücksichtigen, dass das Johannes-Evangelium kein akademischer Text für Gelehrte und Theologen war. Johannes war ein Apostel, der ganz normalen Christen diente. Er erwartete, dass sie seine Lehren zu verstehen versuchten und dass ein solches Verständnis gut für ihr geistliches Leben war: »*Dies aber ist das ewige Leben, dass sie dich, den allein wahren Gott, und den du gesandt hast, Jesus Christus, erkennen*« (Joh 17,3).

Jesus: »... war Gott«

Am Anfang seines Evangelium geht Johannes gleich in die Tiefe: »*Im Anfang war das Wort, und das Wort war bei Gott, und das Wort war Gott*« (Joh 1,1). »*Das Wort*« bezieht sich natürlich auf Jesus, den einen, der Fleisch wurde, unter uns lebte und den Johannes der Täufer als »*das Lamm Gottes, das die Sünde der Welt wegnimmt*« (Joh 1,14.29) bezeichnete. Im Anfang, als Gott die Welt machte, schuf er nicht Jesus. Jesus (das Wort) existierte bereits. Seine Existenz hatte nie einen

Anfang; er war schon immer. Theologisch ausgedrückt: »Das Wort« war ein präexistentes, nicht erschaffenes Wesen. Somit überrascht es nicht, dass Johannes den Ausdruck »*das Wort war Gott*« hinzufügt.

Die Zeugen Jehovas weisen gerne darauf hin, dass dieser Aussage, so wie sie im griechischen Urtext steht, kein bestimmter Artikel (*der*) vor *Gott* vorangestellt ist. Daher, so behaupten sie, sagte Johannes nicht, dass Jesus *Gott* war, sondern nur *ein Gott*. Aber das ist eine schlechte Grammatik, und eine noch schlechtere Theologie.

Es gibt sehr gute Gründe, bei diesem griechischen Ausdruck den bestimmten Artikel wegzulassen; und wäre Jesus *ein Gott*, ergäbe sich die Frage, wer sind die anderen Götter? Ist es denkbar, dass Johannes, der in dem jüdischen Glauben an einen alleinigen Gott erzogen war, uns plötzlich die Vorstellung nahelegt, es gäbe eine ganze Reihe von Gottheiten? Wenn der Apostel sagen wollte, dass das Wort Gott im weitesten Sinne war, dann wählte er dafür die bestmögliche Ausdrucksweise. Die erweiterte Übersetzung der *New English Bible* ist in diesem Punkt sehr hilfreich: »Was Gott war, war das Wort.« Wie die Gemeinde später in ihren großen Glaubensbekenntnissen sagen sollte: Der Sohn ist in exakt demselben Sinne göttlich, wie der Vater göttlich ist.

Jesus: »... bei Gott«

Aber Johannes belässt es nicht dabei (und vergessen Sie nicht: Er schreibt für ganz normale Christen). Er sagt auch noch: »*Das Wort war **bei** Gott.*« Diese spezielle Aussage meint mit Gott *Gott den Vater*. Wenn wir nun die eben getroffene

Behauptung, dass das Wort Gott war, dazunehmen, ergibt sich die erstaunliche Vorstellung, dass »Gott bei Gott war«. Auch das betont die Unterscheidung zwischen den Personen der Dreieinheit. Das Wort konnte nicht derjenige sein, *bei* dem es war. Wenn Johannes *bei* sagt, benutzt er nicht das übliche Wort für *bei*, sondern drückt es auf sehr ungewöhnliche Weise aus. Das von ihm verwendete Wort bedeutet normalerweise *zu … hin*: Das Wort war *hin zu* dem Vater. Sie lebten zueinander hin. Sie *waren* füreinander. Sie wandten sich zueinander hin, lebten zusammen ein Dasein in vollkommener Liebe und teilten alles miteinander.

Abgesehen von allem anderen macht dies eindringlich klar, was Jesus am Kreuz erlitt. Verlassen von Gott musste er dort ohne ihn sein. Das wäre für jeden eine schreckliche Erfahrung gewesen. Für Jesus war es besonders furchtbar, da er immer nahe bei Gott war. In der ganzen Ewigkeit hatte es eine ununterbrochene Gemeinschaft zwischen ihnen gegeben; und von Bethlehem bis nach Golgatha war der Vater bei ihm gewesen. Doch auf einmal, als er ihn am nötigsten hatte, war er nicht da. Statt Licht gab es Finsternis; statt einer Antwort, Schweigen; statt Stärkung, nichts.

Jesus in Beziehung zum Vater

Die Worte aus Johannes 3,16 werden häufig als Kurzform des Evangeliums angesehen. Natürlich bringen sie die herrliche Liebe des Vaters auf unvergessliche Weise zum Ausdruck. Aber Klarheit und Einfachheit sind nicht dasselbe. An dieser Äußerung ist nichts Einfaches. Ohne die Lehre von der Dreieinheit ergibt sie gar keinen Sinn. Es ist keine Aussage über Jesus, sondern über den Vater: *Er* gab seinen einzigen Sohn. Die ganze Herrlichkeit der Handlung liegt in der besonderen Beziehung zwischen Jesus und dem Vater. Er ist Gottes Sohn; und er ist es in dem Augenblick, in dem er gegeben wird (nicht, wie manche lehren, erst nach der Auferstehung).

Außerdem ist er der Sohn in einer absolut einzigartigen Weise: der eingeborene und einzige Sohn, den Gott hat. So spricht das Neue Testament staunend über das, was Gott der Vater auf Golgatha tat. In Römer 8,32 wird uns zum Beispiel mitgeteilt, dass Gott *seinen eigenen* Sohn nicht verschonte. Zuvor sagt Paulus im selben Kapitel, dass Gott seinen eigenen Sohn *sandte* (Röm 8,3). Stets soll uns vermittelt werden, dass wir das Kreuz erst dann verstehen können, wenn wir Folgendes bedenken: 1) dass es der Vater war, der handelte, und 2) dass Jesus für den Vater etwas ganz Besonderes war. Er war der Sohn seiner Liebe (vgl. Kol 1,13).

Die Art und Weise, wie das Neue Testament das oftmals ausdrückt, erinnert an die Begebenheit, als Abraham Isaak opferte (1Mo 22). Die Worte in Vers 2 sind sehr ergreifend: »*Nimm deinen Sohn, deinen einzigen, den du lieb hast, den Isaak, und ziehe hin in das Land Morija, und opfere ihn dort als Brandopfer.*« Isaak war besonders wertvoll für Abraham, aber sicher nicht mehr, als es der ewige Sohn für den ewigen Vater war. Man kann sich leicht vorstellen, was es Abraham kostete, seinen Sohn zu opfern. Aber diese Kosten waren einzig und allein auf die spezielle und einzigartige Beziehung zwischen ihnen zurückzuführen. So ist auch die Größe Golgathas der Tatsache zuzuschreiben, dass Gott der Vater nicht vor den Kosten des Kreuzes zurückschreckte: ein Preis, der völlig auf der einzigartigen und ewigen Liebe zwischen dem Vater und dem Sohn beruht. Wären der Vater und der Sohn ein und dieselbe Person, würden wir Johannes 3,16 komplett zunichtemachen. Das gilt auch für den Fall, wenn Jesus nur ein Mensch oder ein Geschöpf wäre.

Die Beziehung von Vater, Sohn und Heiligem Geist

In Johannes 14 findet sich eine ganze Reihe interessanter Aussagen über den Vater, den Sohn und den Heiligen Geist. In Vers 16 sagt Jesus: »*Und ich will den Vater bitten, und er wird euch einen andern Tröster geben*« (LUT). Diese Worte setzen eindeutig voraus, dass Jesus weder der Vater noch der Heilige Geist ist. Die drei sind verschiedene Personen. Des Weiteren lässt diese Stelle erkennen, dass der Heilige Geist nicht bloß eine Kraft ist. Er ist nicht *der Trost*, den Gott gibt, oder *die Hilfe*, die Gott sendet. Er ist der *Tröster* und der *Helfer*.

Trotzdem besteht zwischen Jesus und dem Heiligen Geist eine sehr enge Verbindung. Er ist ein *anderer* Helfer, der sich von Jesus zwar unterscheidet, durch den er aber selbst zu uns kommt: »*Ich werde euch nicht verwaist zurücklassen, ich komme zu euch*« (Joh 14,18).

Die Beziehung zwischen Jesus und dem Vater ist genauso eng: »*Ich bin in dem Vater und der Vater ist in mir*« (Joh 14,11). Jeder wohnt in dem anderen, und das ist das Vorbild dafür, wie Gott in seinem Volk wohnt (Joh 17,21).

Diese Verbundenheit zwischen dem Vater und dem Sohn bringt Johannes 10,30 noch klarer zum Vorschein: »*Ich und der Vater sind eins.*« Dieselbe Ausdrucksweise wird in Johannes 17,21 auch für die Einheit der Gemeinde gebraucht.

Was das für Auswirkungen hat, werden wir uns später genauer ansehen. Das warnt uns vor dem Gedanken, dass der Vater mit dem Sohn - oder umgekehrt – der Sohn mit dem Vater verschmilzt. Die Einheit der Gemeinde hebt nicht die Individualität der Gläubigen auf, ebenso wenig wie die Einheit des Vaters und des Sohnes die individuelle Existenz der beiden auflöst.

Die Briefe des Johannes

Einige Bibelübersetzungen geben 1. Johannes 5,7 so wieder: »*Denn drei sind es, die Zeugnis ablegen im Himmel: der Vater, das Wort und der Heilige Geist, und diese drei sind eins*« (Schlachter 2000). Das ist die deutlichste Stelle über die Dreieinheit in der Bibel. Die meisten heutigen Bibelversionen lassen sie aber zu Recht aus, da diese Worte, wie die Übersetzer der *New International Version* erklären, nur in ein paar späten Manuskripten der Vulgata auftauchen (eine lateinische Übersetzung aus dem 4. Jahrhundert). *Spät* bedeutet in diesem Fall das 16. Jahrhundert. Es wäre unehrlich und töricht, diese Stelle zur Stützung unserer Lehre heranzuziehen: ein ziemlich eindeutiger Fall erfordert keine schlechten Argumente.

Die Schriften des Paulus

Die Briefe des Paulus sind die frühsten neutestamentlichen Schriften (mit der möglichen Ausnahme des Jakobusbriefes). Die einleitenden Grüße des Apostels sind ganz besonders interessant für die Lehre von der Dreieinheit. Sie folgen einer Standardform: »*Gnade euch und Friede von Gott, unserem*

Vater, und dem Herrn Jesus Christus.« Das Faszinierende hier ist, dass der Vater und Jesus gleichermaßen als Quelle von ›Gnade und Frieden‹ präsentiert werden. Das wäre absolut respektlos und unpassend, wäre Jesus bloß ein Geschöpf, wenn auch ein bedeutendes. Er kann nur im selben Atemzug genannt werden wie Gott der Vater, weil er mit Gott dem Vater gleich ist (Phil 2,6).

Die Grußworte im Epheserbrief sind ungewöhnlich, da Paulus sie erweitert. Die normale Form finden wir in Epheser 1,2: »*Gnade euch und Friede von Gott, unserem Vater, und dem Herrn Jesus Christus!*« Danach folgt aber ein wunderbarer Abschnitt, in dem Paulus seinen Dank in Bezug auf die drei Personen der Dreieinheit zum Ausdruck bringt (obgleich er natürlich nicht diesen Begriff benutzt): Gott den Vater, der uns in Christus gesegnet hat; Christus, in dem wir die Erlösung haben; der Heilige Geist, der das Unterpfand unseres Erbes ist.

Mitunter ist der Schluss seiner Briefe genauso interessant. Das Leben des Apostels ist so sehr mit seiner Theologie verbunden, dass sie sogar den Aufbau seines Briefverkehrs beherrscht! Am Ende des Epheserbriefes heißt es zum Beispiel: »*Friede den Brüdern und Liebe mit Glauben von Gott, dem Vater, und dem Herrn Jesus Christus*« (6,23). Aber noch deutlicher kommt die Dreieinheit in der Segnung von 2. Korinther zum Ausdruck. Hier stellt Paulus uns die drei Personen als die gemeinsame Quelle all dessen vor, auf das Christen hoffen dürfen: »*Die Gnade des Herrn Jesus Christus und die Liebe Gottes und die Gemeinschaft des Heiligen Geistes sei mit euch allen!*« (13,13).

Ebenso bemerkenswert ist es, dass Paulus die Reihenfolge Vater/Sohn/Heiliger Geist nicht als unverletzlich ansieht. So lautet sie in 2. Korinther 13,13 beispielsweise Sohn/Vater/Heiliger Geist. Aber auch die Formulierung selbst gebraucht er nicht mit den immer gleichen Worten. Paulus verwendet nicht unbedingt die Begrifflichkeit der traditionellen Lehre von der Dreieinheit. Statt von Vater/*Sohn*/Heiliger Geist spricht er von Vater/*Herr*/Heiliger Geist. Dies sollte uns vor Dogmatismus und einer starren Darstellung unserer Lehrauffassung warnen.

Kapitel 2

Die ersten christlichen Denker

Gegen Ende des ersten Jahrhunderts war das letzte Buch des Neuen Testaments geschrieben und die Lehre der Apostel in eine feste schriftliche Form gefasst. Mit dieser Lehre (bestätigt durch ihre eigene Erfahrung) besaßen die frühen Christen eine große Auswahl an Glaubensüberzeugungen, einschließlich der folgenden:

- Es gibt einen einzigen Gott.
- Die Errettung hat einen dreifachen Ursprung: Vater, Sohn und Heiliger Geist.
- Christus ist Gott.
- Der Heilige Geist, ihr liebevoller, weiser und mächtiger Helfer, ist eine Person.
- Der Vater ist nicht der Sohn, ebenso wenig wie der Sohn der Heilige Geist ist.

Für sich genommen war keiner dieser Glaubensinhalte schwer zu verstehen. Schwierig war es jedoch herauszufinden, wie sie alle zusammengebracht werden konnten. Wie konnte Gott einer und gleichzeitig drei sein? In welcher Hinsicht war der Sohn *Gott*? In welcher Beziehung standen der Sohn und der Vater, und der Sohn und der Heilige Geist? Bald schon wurde die Gemeinde von diesen Fragen beunruhigt und theologische Spekulanten boten gefährliche Antworten an. Manche behaupteten, *Vater*, *Sohn* und *Heiliger Geist* seien nur verschiedene Namen für dieselbe Person. Andere lehrten, dass Jesus nicht der ewige Sohn Gottes war, sondern Gott ihn erst nach der Auferstehung als Sohn *annahm*. Wiederum andere durchtrennten den Knoten, indem sie offen leugneten, dass Christus wahrhaftig Gott war. Für sie war er nur ein Geschöpf.

Tertullian: die Grundlagen werden gelegt

In seiner Vorsehung ließ Gott eine Reihe von theologischen Riesen auftreten, die sich mit diesen Fragen beschäftigten. Der erste von ihnen war Tertullian, der zwischen 160 und 220 n. Chr. in Nordafrika lebte und wirkte. Tertullian war von Beruf Anwalt, aber zudem in Medizin und Literatur beschlagen und kannte sich wahrscheinlich auch ein Stück weit mit militärischen Angelegenheiten aus. Er bekehrte sich relativ spät in seinem Leben zu Christus, doch die vergeudeten Jahre wurden durch die Tatsache ausgeglichen, dass »er all die Vorteile der antiken Kultur auf seiner Seite hatte«[1].

Tertullian befasste sich mit den Problemen, die ein Mann namens Praxeas verursacht hatte. Von ihm wissen wir nichts außer den Dingen, die wir in Tertullians eigenem Pamphlet *Gegen Praxeas* nachlesen können. Praxeas lehrte, dass der Sohn keine unabhängige Existenz hatte, d.h., der Vater und der Sohn waren ein und dasselbe Wesen. Wenn wir Tertullian Glauben schenken (und warum sollten wir das nicht?),

---

[1] (B. B. Warfield, *Studies in Tertullian and Augustine*, Oxford University Press, New York, S. 3)

drückte Praxeas das sehr primitiv aus. Der Vater selbst kam über die Jungfrau, wurde sein eigener Sohn und litt und starb (seine Irrlehre wird gelegentlich *Patripassianismus* genannt, da sie lehrt, dass der Vater litt). Auch Tertullian scheute sich nicht, kein Blatt vor den Mund nehmen. Er warf Praxeas vor, »in Rom das Werk des Teufels zu tun. Er verbannte den Paraklet« (eine Anspielung darauf, dass Praxeas als entschiedener Gegner der Montanisten Gaben des Heiligen Geistes in Frage stellte) »und kreuzigte den Vater.«

Praxeas war zweifellos ein schwacher Gegner, aber seine Lehren provozierten Tertullian zum Nachdenken und Schreiben, und dadurch entstanden die Grundlagen dessen, was wir heute als die Lehre von der Dreieinheit kennen.

Doch was sagte Tertullian eigentlich?

Als erstes hob er entschieden *die Einheit Gottes* hervor. Ihr Glaubenssatz, sagt er, unterscheidet Christen von der Welt, die eine Vielzahl von Göttern verehrt: »Wir glauben, dass es nur einen einzigen Gott gibt.«

Zweitens bestand er darauf, dass sich *der Vater und der Sohn voneinander unterschieden*: »Wir glauben, dass es nur einen einzigen Gott gibt, und dass dieser alleinige Gott auch einen Sohn hat, sein Wort, das von ihm ausgegangen ist.« Er zitiert 1. Korinther 15,24: »*Dann das Ende, wenn er das Reich dem Gott und Vater übergibt; wenn er alle Herrschaft und alle Gewalt und Macht weggetan hat.*« »Anhand dieser einen Stelle«, sagt Tertullian, »können wir aufzeigen, dass der Vater und der Sohn zwei verschiedene Personen sind.«

Drittens erarbeitete er *die Terminologie, die die Gemeinde brauchte*, um ihre Glaubensüberzeugungen so klar und präzise wie möglich zum Ausdruck zu bringen. Das war Tertullians größte Leistung. Bis heute benutzen wir die Worte, die er in die Theologie eingeführt hat.

So sagte er beispielsweise über die *Dreieinheit*: »Die Einheit, die die Dreieinheit von sich selbst ableitet, ist so weit davon entfernt, zerstört zu werden, dass sie tatsächlich von ihr gestützt wird.« (Was dieser Satz bedeutet, ist hier nicht wichtig! Wir sind nur an dem Wort *Dreieinheit* interessiert.) Wir sollten auch festhalten, dass *Dreieinheit* nicht *Dreiheit* bedeutet. Tertullian macht deutlich, dass er damit *drei in einem* meint.

Außerdem verwendete Tertullian das Wort *Wesen*, vor allem, um auszudrücken, in welcher Hinsicht Gott eins ist. Gottes Einheit, lehrte er, war eins im Wesen: »Diese drei sind eins in ihrem Wesen.« Der Vater, der Sohn und der Heilige Geist sind ein Wesen.

Doch Tertullians bedeutendste Neuerung war wahrscheinlich die Einführung des Wortes *Person*. Er unterschied damit, in welchem Sinne Gott eins ist und in welchem drei. »Die drei Personen«, schrieb er, »sind eins, durch die Einheit ihres Wesens.« Und noch ein weiteres Mal: »Diese drei sind eins in ihrem Wesen, nicht in ihrer Person.« Dieses Wort (das im Neuen Testament nicht vorkommt) fand Eingang in die Glaubensbekenntnisse der Gemeinde und von dort in ihre Theologie, Anbetung und Andachten.

Dennoch war die Gemeinde nie so ganz glücklich damit (und wahrscheinlich ging es Tertullian ebenso). Man konnte es leicht missverstehen. Im Lateinischen bedeutete es ursprünglich eine Maske, später einen Schauspieler in einem

Theaterstück; aber der Vater, der Sohn und der Heilige Geist waren keine Schauspieler und gewiss keine Masken. Später erhielt das lateinische Wort *Persona* praktisch die Bedeutung von *Individuum*. Ein Mensch war ein von jedem anderen Menschen zu unterscheidendes Wesen. Tertullian hätte es sicherlich nicht gewollt, dass man das Wort *Person* auf diese Weise versteht. Als er sagte, es gebe drei Personen in der Gottheit, meinte er nicht, dass es drei voneinander getrennte göttliche Wesen gab.

Diese Bedenken kamen auch in einer bekannten Aussage von Augustinus zum Ausdruck: »Wenn man fragt: ›Drei was?‹, so ist die menschliche Sprache alles in allem doch sehr arm. Die Antwort lautet drei ›Personen‹, nicht, dass es (vollständig) ausgesprochen werden könnte, sondern vielmehr damit es nicht (gänzlich) unausgesprochen bleibt«[2].

Natürlich kann nicht die ganze Wahrheit über Gott ausgesprochen werden. Obschon man leicht die Probleme von Tertullians Sprachgebrauch erkennen kann, ist es nicht so einfach, ihn zu verbessern: Gott war ein Wesen, aber drei Personen; oder: Im Wesen des einen Gottes gab es drei Personen. Zur Zeit Tertullians haben die Zuordnungen *Ding*, *Tier* und *Person* in etwa den heutigen *Tier*, *Pflanze* und *Mineral* entsprochen. Offensichtlich waren der Vater, der Sohn und der Heilige Geist weder *Dinge* noch *Tiere*, somit blieb *Person* als einzige Kategorie übrig. Außerdem (bedenken Sie, dass Tertullian Jurist war) war eine Person etwas, das man vor Gericht bringen und anklagen oder verteidigen, belobigen oder beschuldigen konnte (mit *Dingen* und *Tieren* konnte

---

[2] *On The Trinity*, Buch V., Kap. 9

man nichts dergleichen tun). Doch vor allem hatte eine Person Gefühle und war zu Liebe und Zuneigung fähig.

Konnte es ein besseres Wort für den Vater, den Sohn und den Heiligen Geist geben? Sie waren weder Dinge noch Tiere. Man konnte sie preisen und ihnen danken. Sie konnten geliebt werden. Außerdem liebte der eine Gott nicht nur die Welt, sondern jede Person in der Dreieinheit liebte die anderen. Der Sohn war zum Beispiel des Vaters einziger geliebter Sohn.

Obwohl es wichtig ist, die Grenzen des Wortes *Person* zu berücksichtigen, ist uns bisher noch kein besseres eingefallen. Tertullians Wort hat sich als sehr strapazierfähig erwiesen, und wir sollten ihm dankbar sein, dass er es vorgeschlagen hat.

Athanasius: die Gottheit Christi

Der zweite theologische Riese in Verbindung mit der Lehre von der Dreieinheit war Athanasius. Als junger Diakon war er auf dem Konzil von Nicäa (325 n. Chr.). 328 wurde er zum Bischof von Alexandria ernannt. Wie Tertullian verfügte er über eine große Allgemeinbildung. Zudem war er ein ausgezeichneter Bibelgelehrter und hatte einen tief religiösen Charakter (er war einer der Gründer der Mönchsbewegung). Athanasius ist eine der großen, heroischen Persönlichkeiten des Christentums, der viele Jahre lang fast alleine der damaligen theologischen Welt gegenüber stand, für die Gottheit Christi kämpfte und wegen seinen Ansichten verfolgt und verbannt wurde. Diese frühen Theologen waren keine Gläubigen, die sich in ihr Schneckenhaus verkrochen.

Arius

Aber wir können Athanasius nicht verstehen, ohne einen anderen Mann zu erwähnen: Arius. Arius war ein Presbyter (Priester) in Alexandria, der gegen 318 n. Chr. die Gemeinde zu beunruhigen begann, indem er die Gottheit Christi leugnete. Der Sohn Gottes, behauptete er, war nicht ewig. Er hatte einen Anfang, da er geschaffen wurde. Arius drückte das in einem berühmten Sinnspruch aus: »Es war (d.h. es gab einmal eine Zeit), als er nicht war.« Eine derart unverhohlene Irrlehre hätte der Gemeinde wahrscheinlich keine großen Schwierigkeiten gemacht. Doch selten sind die Dinge so einfach. Arius versüßte die Pille, indem er sagte, dass der Sohn kein *gewöhnliches* Geschöpf war. Er war eine Art Mittelwesen, weder Gott noch Mensch (noch Engel), sondern irgendwo angesiedelt zwischen Gott und der höchsten Art von Geschöpf.

Das Konzil von Nicäa

Im Jahr 325 kamen Bischöfe aus allen Teilen der Gemeinde in Nicäa zusammen (der heutigen Stadt Iznik an der Westküste der Türkei zwischen den Dardanellen und dem Schwarzen Meer), um gegen die arianische Irrlehre vorzugehen. Drei verschiedene Parteien waren anwesend: die Arianer, die Orthodoxen und (wie immer) eine neutrale Gruppe, die für gewöhnlich Semi-Arianer genannt werden. Gekonnt assistierte Athanasius dem Führer der Orthodoxen, Alexander, Bischof von Alexandria, (da Athanasius noch kein Bischof war, dufte er nicht als Mitglied am Konzil teilnehmen).

Sie entwarfen, was schließlich zur offiziellen Verlautbarung des Konzils wurde: das Nicänische Glaubensbekenntnis. (Das darf nicht mit dem »Nicänischen Glaubensbekenntnis« verwechselt werden, das in der Anglikanischen Kirche verwendet wird und am Ende vieler Gesangbücher abgedruckt ist. Dieses Bekenntnis sollte im Grunde besser »Nicaeno-Konstantinopolitanum« genannt werden. Zu seinem Ursprung kommen wir später.) Es wurde eigens entworfen, um den Arianismus aus der Gemeinde fernzuhalten, indem eine Aussage aufgenommen wurde, der kein Arianer zustimmen konnte, nämlich, dass der Sohn von gleichem Wesen (*homousios*) wie Gott der Vater war. Das schloss mit Nachdruck die Vorstellung aus, dass er ein Geschöpf oder irgendeine Art Zwischenwesen war. Er war von gleichem *Wesen* wie Gott selbst; er hatte dieselbe Stellung und dieselben Vorrechte.

Wer jedoch dachte, das Konzil würde Frieden bringen, sah sich getäuscht. Es war nur ein Signal für eine brutale Wiederaufnahme des Kampfes. Arius sorgte weiter für Aufregung, löste Widerstand gegen das Nicänische Glaubensbekenntnis aus und beteiligte sich an Propagandamaßnahmen und Intrigen. Vor allem die Semi-Arianer gewannen an Stärke und widersetzten sich dem nicänischen Slogan *homousios* mit ihrem eigenen *homoiusios*, ein Wort, das bedeutet, dass der Sohn *wie* Gott war. Er war ihm ähnlich in seinem Wesen. Es war nur natürlich, dass gemäßigte Kräfte diese Position einnahmen. Sie war ihrer Überzeugung nach zutreffend und würde für einen friedlichen Ausgleich sorgen; Diplomaten aller Couleur konnten ihr zustimmten. Doch Athanasius ließ sich nichts vormachen. Was nur *wie* Gott war, war unendlich weit davon entfernt, Gott *zu sein*. Er kämpfte weiter und die

Auseinandersetzung tobte im gesamten Osten des Reiches. Jahrhunderte später stichelte Gibbon, Autor von *The Decline and Fall of the Roman Empire* (Niedergang und Fall des Römischen Reiches), dass die ganze Welt wegen eines einzigen Buchstabens im Krieg lag (HOMOUSIOS gegen HOMO**I**USIOS). Doch seine Bemerkung war eher geistreich als scharfsinnig. Schließlich unterscheidet sich *Theist* auch nur um einen Buchstaben von *Atheist*; und der Unterschied zwischen *Schöpfer* (engl. *creator*) und *Geschöpf* (engl. *creature*) ist ebenfalls nicht sehr groß.

Schauen wir uns die Lehren von Athanasius an, sticht besonders hervor, dass er von einem dringenden Anliegen angetrieben wurde. Der Kern des Christentums, wie er es sah, war die *Anbetung* Christi, und die Vorstellung der Gemeinde von ihm musste mit der Gemeindepraxis übereinstimmen. Arianismus wäre Götzendienst: die Anbetung eines Geschöpfs. »Wer jemals dachte«, unterstrich Athanasius, »die Anbetung von Geschöpfen wäre abgeschafft, der irrt; wir sind dabei, wieder zu ihr zurückzukehren!« An anderer Stelle schreibt er: »Wenn unser Erlöser weder Gott noch das Wort, noch der Sohn ist, dann brauchen sich die Arianer nicht länger der Tatsache zu schämen, dass sie wie Heiden und Juden denken und reden.«

Die Anbetung eines Geschöpfs war aber nicht nur eine Frage von Sünde. Ein Christus, der weniger als Gott war, konnte niemals ein echter *Erlöser* sein. Wie könnten wir durch ihn Söhne Gottes werden, wäre er nicht der Sohn Gottes? »Gott könnte uns nicht als seine Kinder annehmen, wäre der Sohn nicht wahrer Sohn.«

Dieser fundamentale Gesichtspunkt und nicht akademische Ambitionen oder die Neigung zum Wortstreit, war das Anliegen, das Athanasius antrieb. Auf persönlicher Ebene bezahlte er einen hohen Preis für seine Prinzipien, aber durch seine Beharrlichkeit, Einsicht und Wortgewandtheit sowie seinen Mut und seine Gelehrsamkeit gelangte die Gemeinde in den sicheren Besitz der Wahrheiten, die ihren Glauben seitdem aufrechterhalten: Christus ist der ewige Sohn Gottes; er besitzt alles, was Gottsein ausmacht; und wir sollen ihm exakt dieselbe Anbetung zukommen lassen wie Gott dem Vater.

Spätere Feinabstimmungen

Nicäa liegt aber schon lange zurück. Hat es seitdem keine Entwicklungen mehr gegeben? Die gab es, aber größtenteils waren es nur Verfeinerungen am Werk von Tertullian und Athanasius.

Das Glaubensbekenntnis von Konstantinopel

In den Jahren nach Athanasius wurde dem Heiligen Geist mehr Aufmerksamkeit gewidmet. Im ursprünglichen Nicänischen Glaubensbekenntnis wurde er kaum erwähnt. Man sagte nur: »Wir glauben an den Heiligen Geist.« 381 gab es jedoch ein zweites Konzil, das dieses Mal in Konstantinopel stattfand. Auch dieses Konzil brachte ein Glaubensbekenntnis hervor, das, wie ich bereits sagte, besser als *Nicaeno-Konstantinopolitanum* bezeichnet werden sollte, aber häufig (um Normalsterbliche zu verwirren!) »das Nicänische Glaubensbekenntnis« genannt wird.

Das Wichtige an diesem Bekenntnis ist, dass es viel mehr zu sagen hat über den Heiligen Geist. Es beschreibt ihn so: »Wir glauben an den Heiligen Geist, der Herr ist und lebendig macht, der aus dem Vater hervorgeht, der mit dem Vater und dem Sohn angebetet und verherrlicht wird« (ökumenische Übersetzung ohne das sogenannte *filioque*). Im Grunde übertrug dies den Gedanken von *homousios* auf den Heiligen Geist. Wie der Sohn hatte er dasselbe Wesen wie Gott der Vater. Die Theologen, die für diese Entwicklung hauptsächlich verantwortlich waren, werden gemeinhin die Großen Kappadokier genannt (weil sie aus einem Gebiet mit diesem Namen kamen, das in der heutigen Türkei liegt): Basilius der Große, sein Bruder Gregor von Nyssa und ihr Freund Gregor von Nazianz. Vor allem der Letztgenannte betonte, dass das entscheidende Wort, das Nicäa auf den Sohn angewandt hatte, auch auf den Heiligen Geist angewandt werden müsse: »Was also? Ist der Heilige Geist Gott? Absolut sicher. Nun, ist er dann wesensgleich (*homousios*)? Ja, wenn er Gott ist.«[3]

Johannes von Damaskus

Ein weiterer Mann, der einen wichtigen Beitrag leistete, war Johannes von Damaskus (700-754). Er stellte klar, wie wir die Personen voneinander zu unterscheiden haben. Wir wissen, dass jede ihre eigene spezielle Aufgabe in der Schöpfung und Erlösung hat. Aber wie haben sie sich *in sich selbst* unterschieden, bevor es die Schöpfung gab und, nehmen wir an, es keine Erlösung hätte geben müssen? Johannes kam zu dem Schluss, dass der Vater, der Sohn und der Heilige Geist jeweils

[3] *The Fifth Theological Oration*, X.

ein charakteristisches, persönliches Merkmal haben: der Vater zeugt, der Sohn ist gezeugt und der Heilige Geist geht hervor. »Allein in diesen drei persönlichen Eigenschaften«, schrieb Johannes, »unterscheiden sich die drei heiligen Personen voneinander«[4]. Wir sollten das Wort *allein* betonen. Außer in diesen *persönlichen Merkmalen* sind der Vater, der Sohn und der Heilige Geist in allem eins (im Wesen, in Autorität und in Herrlichkeit).

Das Konzil von Toledo

Die gravierendste Entwicklung ereignete sich aber in einem anderen Bereich. Das Bekenntnis von 381 erklärte, dass der Heilige Geist vom Vater ausging. Ging er auch vom Sohn aus? Theologen im Westen, insbesondere der große Augustinus, begannen, dies zu vertreten, und sprachen von einem *doppelten Ausgehen* des Heiligen Geistes, d.h., vom Vater *und vom Sohn* (das sogenannte *filioque*) Zum ersten Mal fand dieser Gedanke offizielle Anerkennung auf der Synode von Toledo im Jahr 589. Dies war aber nur ein lokales Konzil, das nicht viel Gewicht hatte. Danach jedoch verbreiteten sich Versionen des Glaubensbekenntnisses mit dem Ausdruck *und vom Sohn* in der (lateinischsprachigen) Westkirche, vor allem in Spanien und Frankreich.

Lange Zeit weigerten sich die Päpste, den veränderten Wortlaut abzusegnen, aber dann gab Papst Benedikt VIII (†1024) schließlich seine Zustimmung und das Wort *filioque* (Lateinisch für *und vom Sohn*) wurde dem von der westlichen Kirche offiziell verwendeten Bekenntnistext hinzugefügt. Die

---

[4] *Exposition of the Orthodox Faith*, Kap. VIII.

Kirche des Ostens akzeptierte die Änderung nie. Tatsächlich nahm sie großen Anstoß daran und trennte sich 1054 vom Westen. Zumindest offiziell besteht die Spaltung bis zum heutigen Tag.

Wir müssen unbedingt festhalten, dass dieser Disput über den *Filioque*-Absatz nicht vom Heiligen Geist, sondern vom Sohn handelt. In Wirklichkeit ist es die alte *Homousios*-Frage in anderer Form. Wenn der Sohn in allen Belangen dem Vater gleich ist, muss er auch die gleiche Beziehung zum Heiligen Geist haben wie er. Andernfalls ist der Sohn niedriger gestellt.

Johannes Calvin

Das führt uns zum letzten bedeutenden Beitrag zur Lehre von der Dreieinheit, dem von Johannes Calvin. Die Diskussion, ob der Heilige Geist sowohl vom Sohn als auch vom Vater ausgeht, unterstrich ein Problem, das von Anfang an bestand. Sogar theologische Riesen wie Tertullian und Athanasius hatten manchmal von dem Sohn auf eine Weise geredet, die annehmen ließ, dass er niedriger gestellt und zweitrangig gegenüber dem Vater wäre. Mitunter beschrieben sie ihn als *abstammend* und nur als ein Teil der ganzen Gottheit. Sie sprachen vom Vater als dem Ersten Prinzip der Gottheit, als ihrer Quelle und ihrem Anfang, als einem mit dem Sohn *kommunizierenden* Wesen.

Johannes Calvin war mit all dem nicht zufrieden. Wenn die Leute sagten, dass der Vater allein Gott war, protestierte er, da eine solche Lehre jeder Bibelstelle widersprach, die Christus als *Gott* darstellt. Die Gottheit konnte nicht untergeordnet sein, ebenso wenig konnte sie ihre Existenz jemand anderem verdanken. (Was ist für die Gottheit schließlich charakteristischer als Selbstexistenz?) Wenn Christus Gott war, konnte er sein Dasein nicht einer höhergestellten Gottheit verdanken. Er muss Gott »aus sich selbst« sein. Hinsichtlich Ewigkeit, Stellung und Unabhängigkeit muss er dem Vater vollkommen gleich sein.

Durch Calvin erhielten die grundlegenden Lehren von Tertullian, Athanasius und der Nicänischen Glaubensväter letzten Endes ihre verdiente Anerkennung. Der Sohn und der Heilige Geist sind eins und wesensgleich mit Gott dem Vater. Daher ist jede Person in sich selbst Gott.

Alles kommt zusammen

Zu welchen festen Überzeugungen ist die Gemeinde in den vielen Jahrhunderten des Nachdenkens und Diskutierens also gekommen?

1. Gott ist einer. Für Christen, und nicht weniger für Juden und Muslime, ist 5. Mose 6,4 der wichtigste Text in der ganzen Bibel: »*Der Herr, unser Gott, ist ein Herr!*« (Elberfelder 2003).

2. Dieser Gott, der ein Wesen ist und einen Namen hat, hat sich als »der Vater, der Sohn und der Heilige Geist« geoffenbart. Jeder von ihnen ist eine Person in der Hinsicht, dass sie sich voneinander unterscheiden und jede von ihnen wissen, fühlen und vor allem lieben kann. Das ist besonders wichtig im Hinblick auf den Heiligen Geist. Er ist nicht ein *Es*, sondern ein *Er*. Er ist nicht bloß eine *Kraft*, sondern Christi *Helfer*, der ihn während seines irdischen Dienstes aufrechterhielt und leitete. Er ist auch *unser* Helfer. Statt eine kalte

und unbeteiligte Abstraktion zu sein, verwendet er sich in *unaussprechlichen Seufzern* für uns (Röm 8,26) und wird von uns häufig *betrübt* (Eph 4,30).

3. Jede der drei Personen ist Gott in größtmöglicher Hinsicht. Sie haben ein Wesen, einen Namen und eine Herrschaft. Jede von ihnen besitzt alles, was Gott zu Gott macht; und jede sollte mit derselben Ehrfurcht, Liebe und Hingabe verehrt werden.

Was uns daran erinnert, dass die Lehre von der Dreieinheit nicht nur geglaubt werden, sondern sich auch zutiefst in unserem Leben auswirken soll. Wie? Dazu kommen wir im nächsten Kapitel.

Teil 2

Ein trinitarischer Glaube

Kapitel 3

Unser Verständnis von Gott

Die Wahrheit kennen und sie tun

Wie wir gesehen haben, waren die Männer, denen wir die Lehre von der Dreieinheit verdanken, keine weltabgeschiedenen, staubtrockenen Gelehrten. Tertullian, Athanasius und Calvin waren Männer von außerordentlicher persönlicher Frömmigkeit, die sich intensiv am menschlichen Leben beteiligten, ein großes Anliegen für die Gemeinde hatten und bereit waren, für ihre Glaubensüberzeugungen zu leiden. Sie lehrten und verteidigten die Lehre von der Dreieinheit, weil sie ihnen zutiefst etwas bedeutete.

Aber warum war sie ihnen wichtig? Und warum sollte sie auch uns wichtig sein?

Der offensichtlichste Grund ist: »Weil diese Lehre wahr ist.« Menschen des 21. Jahrhundert fragen jetzt natürlich sofort: »Aber wofür ist sie gut?« Wir neigen dazu, uns nur für nützliche Dinge zu interessieren, und werden schnell ungeduldig, wenn es nur um etwas geht, das wahr ist. Sicherlich ist die Wahrheit an sich wichtig. Selbst wenn das christliche Leben auf eine endlose Folge von Singen und Beten reduziert werden könnte (was natürlich nicht geht), müssen wir doch mit dem *Verstand* singen und beten (1Kor 14,15). Außerdem hat Gott enorme Anstrengungen unternommen, um uns die

Wahrheit zu lehren, und wir sollten uns unsererseits bemühen, sie zu lernen. Wenn wir Gott lieben, wird uns das keine Mühe machen. Es wird uns eine Freude sein. Zwei verliebte junge Menschen werden oft zueinander sagen: »Erzähle mir mehr über dich.« Dasselbe gilt für jede echte Beziehung zu Gott. Je mehr wir über ihn erfahren, umso glücklicher sind wir: »*Dies aber ist das ewige Leben, dass sie dich, den allein wahren Gott, und den du gesandt hast, Jesus Christus, erkennen*« (Joh 17,3).

Trotzdem können wir die Warnung nicht ignorieren, die Thomas von Kempen vor langer Zeit aussprach: »Welchen Nutzen hat es, gelehrt über die Dreieinheit zu reden, wenn es dir an Demut fehlt und du dadurch der Dreieinheit missfällst? Hehre Worte machen einen Menschen nicht gerecht oder heilig; aber ein gutes Leben bedeutet Gott viel«[5]. Gott hat uns die großen Lehren nicht bloß zu unserem intellektuellen Vergnügen gegeben. Er hat sie uns anvertraut, damit sie unser Leben verändern. Biblischer Glaube sollte zu einem praktischen, geistlichen Leben führen.

Doch selbst dabei müssen wir vorsichtig sein. Was meinen wir mit *praktisch*? Sofort müssen wir an eine humanitäre Gesinnung denken: Hilfe für die Nachbarn, Linderung von Hungersnöten in Afrika, Dienst an Drogensüchtigen und Alkoholikern. *Praktisch* verstehen wir fast ausschließlich nach den Vorstellungen dieser Welt. Ein derartiges Denken sieht zwar harmlos aus, aber im Grunde sagen wir dadurch: unsere Nachbarn können wir ganz praktisch lieben, Gott nicht. Als Christen haben wir offenkundig kein Recht so zu denken. Ein

---

[5] *The Imitation of Christ*, Penguin, 1952, S. 27

praktischer christlicher Glaube beinhaltet natürlich ein Interesse an unseren Mitmenschen und guten Willen gegenüber unseren Nachbarn, wenn wir ihnen begegnen. Aber er fängt mit der Liebe zu Gott an und damit, diese Liebe durch Demut, Dankbarkeit und Gehorsam auszudrücken.

Gott verstehen

Für den persönlichen Glauben ist die Lehre von der Dreieinheit vor allem für unsere Einstellung zu Gott wichtig.

Gott ist ein Geheimnis

Sie erinnert uns beispielsweise daran, dass Gott ein Geheimnis ist. Es wurde gesagt (wahrscheinlich mehr als einmal), dass Gott, wäre er klein genug, um verstanden zu werden, nicht groß genug wäre, um angebetet zu werden. Sicherlich wäre es fatal für jede Lehre über Gott, wenn sie nichts mehr offen ließe. Der christliche Glaube beinhaltet das zentrale Geheimnis, dass Gott ein dreieiner Gott ist: ein Wesen in drei Personen. Würden wir jedoch versuchen, eine solche Aussage zu erklären oder zu illustrieren, hätten wir bald schon den Boden unter unseren Füßen verloren. Eine derartige Existenz liegt außerhalb unseres Erfahrungsbereichs. Sie scheint sogar allem zu widersprechen, was wir aus eigener Erfahrung kennen. Für uns bedeuten drei Personen »drei separate Individuen«. Wie kann das bei Gott anders sein?

Natürlich können wir uns an Erklärungen versuchen, damit die Lehre nicht zu absurd klingt. Gott ist nicht eins *in derselben Hinsicht*, wie er drei ist. Er ist eins im Wesen und besteht aus drei Personen. Aber das bringt uns nicht sehr weit.

Die Wahrheit ist: Wenn wir Gott verstehen wollen, müssen wir erst einmal festhalten, dass wir nur einen kleinen, begrenzten Verstand haben und dass es unmöglich ist, ihn in unsere Worte und Vorstellungen zu pressen. Wir erreichen (schnell) den Punkt, an dem wir nicht weiter reden und schreiben können, weil uns die Worte fehlen. Allerdings braucht unser Glaube hier nicht aufzuhören, nur weil uns das Ganze absurd erscheinen mag. Nicht einmal unser Verstehen muss an diesem Punkt aufhören. Wir haben begriffen, dass Gott nicht vollständig verstanden werden kann. Wir sind dort angekommen (wohl am höchsten Punkt der Glaubenserfahrung), wo wir in den tiefen Abgrund hinabsehen, den uns die Offenbarung aufgetan hat und wir mit Paulus ausrufen: »*Welche Tiefe des Reichtums, sowohl der Weisheit als auch der Erkenntnis Gottes! Wie unerforschlich sind seine Gerichte und unaufspürbar seine Wege!*« (Röm 11,33). »Eine Wissenschaft ohne Geheimnisse gibt es nicht«, schrieb Henry Drummond, »eine Religion ohne Geheimnis ist absurd.«

Gott in Gemeinschaft

Zweitens hilft uns die Lehre von der Dreieinheit zu verstehen, was Johannes mit den Worten meinte: »*Gott ist Liebe.*« Angenommen, Gott wäre kein dreieiner Gott. Angenommen, er hätte keinen Sohn und keinen Heiligen Geist. Wen würde er dann lieben? Wie könnte er Liebe sein, gäbe es niemanden zu lieben? Wir können nicht sagen, dass er Liebe ist, nur weil sein Herz mit der Welt mitfühlt. Denn die Welt wurde erst vor kurzer Zeit erschaffen, Gott aber ist ewig. Bedeutet das, dass Gott bis zur Erschaffung der Welt nicht Liebe war? Denken Sie auch an die Geschichte von Adam und den Tieren in 1. Mose 2,19-23. Gott brachte sie alle zu Adam, der ihnen Namen gab. Doch nicht eines von ihnen war ein passender Partner für den Menschen. Er brauchte die Liebe seiner eigenen Art. Deshalb freute er sich auch so, als er Eva sah: »*Diese endlich ist Gebein von meinem Gebein und Fleisch von meinem Fleisch.*« Was für Adam galt, traf sicherlich auch auf Gott zu. Er brauchte die Liebe seiner eigenen Art.

Erkennen wir aber, dass Gott ein dreieiner Gott ist, wird alles viel klarer. Der Vater war nie einsam. Ihm fehlte nie jemand, den er lieben konnte, weil er seit jeher Gemeinschaft mit dem Sohn und dem Heiligen Geist hatte. Gott war nie für sich allein, umgeben von einer gähnenden Leere: im Anfang war das Wort bei Gott. Wie wir festgestellt haben, bedeutet *bei* hier in Wirklichkeit *zu … hin.* Der Vater und der Sohn lebten zusammen in einer dynamischen und auf den anderen ausgerichteten Liebesbeziehung.

Gottes Unabhängigkeit

Was uns zum dritten Punkt führt: Die Lehre von der Dreieinheit hilft uns, die Unabhängigkeit Gottes zu verstehen. Er musste nicht erst eine Welt erschaffen, um etwas zu haben, was ihn interessierte, oder den Menschen, der in seinem Bild geschaffen wurde, um seiner Liebe Ausdruck verleihen zu können. In ihm war keine Not und kein Mangel, den eine Schöpfung beheben konnte. Die Gemeinschaft des Vaters, Sohnes und Heiligen Geistes war genug. Jeder von ihnen hatte nicht nur sich selbst, sondern auch die anderen. Sie besaßen die Fülle Gottes, die sie lieben und genießen konnten. Wenn wir das berücksichtigen, müssen wir seine Entscheidung, etwas zu erschaffen, als einen Akt reiner Gnade betrachten, durch den Gott willentlich den Kreislauf von Sein, Gemeinschaft und Liebe über sich selbst hinaus erweiterte.

Gottes Vollständigkeit

In derselben Weise hilft uns die Lehre von der Dreieinheit zu verstehen, was die Bibel als die Glückseligkeit Gottes bezeichnet (1Tim 1,11). Der hier vorherrschende Gedanke besagt, dass Gott glücklich ist. Er ist frei von jeglicher Spannung, Frustration, Entbehrung, Unzufriedenheit und Sorge; stattdessen finden sich in ihm Frieden, Harmonie und Erfüllung. So wie die Dinge jetzt sind, ist Gottes Glückseligkeit bis zu einem gewissen Maße auf seine Schöpfung zurückzuführen. So zeigt sich seine tiefe Zufriedenheit mit seinem sechstägigen Schöpfungswerk in der Tatsache, dass er es als sehr gut bezeichnete (1Mo 1,31) und sich ausruhte. Eine ähnliche Freude drückte er über das Werk des Mittlers aus: »*Du bist mein geliebter Sohn, an dir habe ich Wohlgefallen gefunden*« (Mk 1,11). Und wenn er uns »*tadellos*« vor sich selbst hinstellt, dann tut er das mit großer Freude (Jud 24). Aber die wahre, ewige Grundlage für Gottes Glückseligkeit liegt in der Dreieinheit seiner göttlichen Existenz. Was auf den Christen zutrifft, gilt umso beeindruckender für Gott. Wenn für uns das Leben Christus ist (Phil 1,21), wenn er alles ist, nach dem uns verlangt (Ps 73,25), wenn unser Herz Ruhe in ihm findet (Mt 11,28), wie viel mehr gilt das dann für Gott den Vater? Wenn *wir* schon die Fülle in Christus genießen (Kol 2,10), dann finden die Personen der Dreieinheit die Fülle *in den anderen* umso mehr.

Kapitel 4

Unsere Einstellung zu den Menschen

Die Lehre von der Dreieinheit ist genauso wichtig für unsere Einstellung zu den Menschen. In diesem Zusammenhang macht uns die Schöpfung auf zwei bedeutende Aspekte aufmerksam.

Eine planvolle Schöpfung

Erstens stand vor der Erschaffung des Menschen der Vorsatz Gottes: »*Lasst* ***uns*** *Menschen machen in* ***unserm*** *Bild*« (1Mo 1,26). Bis zu diesem Punkt ist das Schöpfungswerk über die verschiedenen Tage hinweg nahtlos und ohne Unterbrechung verlaufen. Jetzt aber gibt es eine Pause. Der Mensch wurde nicht nur gewürdigt, als letztes erschaffen worden zu sein, seiner Erschaffung ging auch eine Beratung voraus. Dies können wir nicht als eine Unterredung zwischen Gott und den Engeln ansehen, da Menschen nicht nach dem Bild der Engel gemacht wurden. Angesichts des biblischen Gesamtbildes von Gott müssen wir das so verstehen, dass sich hier der Vater, der Sohn und der Heilige Geist miteinander besprochen haben.

Daran lässt sich die Einzigartigkeit und Bedeutung der Menschheit ablesen. Der Mensch ist nicht das zufällige Ergebnis einer planlosen und blinden Evolution, nicht einmal das einer in unendlich weiter Ferne zurückliegenden Entscheidung: »Es werde das Universum, und es sollen Menschen darin leben.« Er ist das Ergebnis einer konkreten göttlichen Überlegung und Beratung. Im Schöpfungsbericht gibt es natürlich auch andere Gesichtspunkte, die den Menschen daran erinnern, wie gering er ist, und dass er nur ein Geschöpf ist. So wurde er beispielsweise aus Staub gemacht (1Mo 2,7), und das auch noch am selben Tag wie einige Tiere (1Mo 1,24.26). Aber das ändert nichts an der Tatsache, dass Gott – Vater, Sohn und Heiliger Geist – seine allumfassende Weisheit in die Erschaffung des Menschen, die Krone der Schöpfung, steckte.

Nach dem Bild der Dreieinheit

Zweitens betont die Schöpfungsgeschichte, dass wir im Bild Gottes gemacht wurden: »*Lasst uns Menschen machen in unserm Bild, uns ähnlich!*« (1Mo 1,26). Hier heißt es nicht bloß *mein*, sondern *unser* Bild. Wir tragen das Bild des dreieinen Gottes, und obwohl es wahr ist, dass dieses Bild durch den Sündenfall verzerrt wurde, ist es nie ganz verloren gegangen. Es ist noch immer da.

Zwei Bibelstellen machen das unmissverständlich klar. In 1. Mose 9,6 sagt Gott: »*Wer Menschenblut vergießt, dessen Blut soll durch Menschen vergossen werden; denn nach dem Bilde Gottes hat er den Menschen gemacht.*« Wichtig hierbei ist, dass es die gegenwärtige Situation beschreibt. *Menschliches Leben ist heilig*, denn selbst nach der Flut hat der Mensch das Bild Gottes behalten.

Die zweite Stelle ist Jakobus 3,9: »*Mit ihr preisen wir den*

Herrn und Vater, und mit ihr fluchen wir den Menschen, die nach dem Bild Gottes geschaffen worden sind.« Jakobus erinnert uns, wie ernst es ist, wenn wir mit unseren Worten sündigen, um andere zu verletzen und niederzumachen, und der Grund dafür ist, dass Menschen nach wie vor das Bild Gottes tragen.

Was bedeutet das für uns heute?

Gleichheit

Als erstes bedeutet es, dass alle Menschen den *gleichen Wert* haben. Jeder trägt das Bild Gottes, ungeachtet seines Geschlechts: »*Und Gott schuf den Menschen nach seinem Bild, nach dem Bild Gottes schuf er ihn; als Mann und Frau schuf er sie*« (1Mo 1,27).

Es gilt auch ohne Rücksicht auf die Rasse. Die Juden damals, die Athener (vgl. Apg 17,18) oder später die Afrikaander[6] mögen sich vielleicht überlegen gefühlt haben, aber vor Gott sind wir alle gleich: »*Und er hat aus einem jede Nation der Menschen gemacht*« (Apg 17,26). Wir haben eine gemeinsame Abstammung, ungeachtet der Hautfarbe oder Kultur. Wir tragen Gottes Bild, ob wir nun frei sind oder Sklaven, gebildet oder ungebildet, geschickt oder ungeschickt, erwerbstätig oder arbeitslos, erfolgreich oder erfolglos, Geschäftsleute oder Bettler, unabhängig oder süchtig. Wo immer wir einen Menschen sehen, sehen wir das Bild Gottes.

[6] Selbstbezeichnung der europäischstämmigen Einwohner Südafrikas

Vielfalt

Zweitens legt die Tatsache, dass wir das Bild Gottes tragen, besonderen Wert auf *Individualität.* Wie wir gesehen haben, hat jede Person in der Dreieinheit ihr eigenes unübertragbares Merkmal: etwas, das allein auf sie zutrifft und sie von den anderen unterscheidet. Zugegeben, die Theologen konnten nur schwer ausdrücken, worin diese Unterschiede bestehen, und es blieb ihnen nur zu sagen: der Vater zeugt, der Sohn ist gezeugt und der Heilige Geist geht hervor. Doch wie schwer eine Definition auch sein mag, die Tatsache an sich ist völlig klar. Der Vater unterscheidet sich vom Sohn und beide unterscheiden sich vom Heiligen Geist.

Das spiegelt sich auch in der Menschheit deutlich wider. Obwohl wir alle Menschen sind, ist jeder von uns ein einzigartiges Individuum. In genetischer Hinsicht sind wir einmalig, ebenso hinsichtlich unseres Charakters und unserer Talente. Gott hat uns so geschaffen. Und Gott liebt uns, so wie wir sind. Er fühlt mit uns und erwartet, dass wir ihm dienen, so wie wir sind. Zwangsläufig gibt es Zeiten, wo wir uns wie Hiob verabscheuen (Hi 42,6) oder dem zustimmen, was Woody Allen angeblich gesagt haben soll: »Das Einzige, was ich im Leben bedauere, ist, dass ich nicht jemand anderes bin.« Gesunde Reue ist eine Sache, aber sich selbst herabzuwürdigen und abzulehnen, etwas ganz anderes. Wir sind die Persönlichkeit, die Gott uns gegeben hat, und die er »*in dem Geliebten*« angenommen hat. Und zu dieser Persönlichkeit sagt er: »***Ihr** seid das Salz der Erde. … **Ihr** seid das Licht der Welt*« (Mt 5,13.14).

Gemeinschaft

Drittens bedeutet die Tatsache, das Bild Gottes zu tragen, dass wir *zur Gemeinschaft geschaffen* sind. Das ist wahrscheinlich der wichtigste Punkt von allen. Als Menschen nach dem Bilde Gottes sind wir dazu geschaffen, mit anderen Menschen zusammenzuleben. Gott selbst sagte: »*Es ist nicht gut, dass der Mensch allein sei*« (1Mo 2,18). In der Gottheit selbst findet sich soziales Leben: der Vater, der Sohn und der Heilige Geist in Gemeinschaft miteinander. Dasselbe muss auch auf uns zutreffen. Wir sehen es gut im Leben Christi veranschaulicht. Er umgab sich mit Menschen, mit Männern und Frauen. Spontan und mühelos nahm er Kontakt zu Kindern auf (Mk 10,14). Er wählte zwölf Männer aus, »*damit sie bei ihm seien*« (Mk 3,14). Er hatte einen inneren Kreis von drei engen Freunden (Petrus, Jakobus und Johannes), ein Zuhause, wo er sich besonders willkommen und sicher fühlte (das Haus von Maria, Marta und Lazarus in Bethanien) und einen Jünger (Johannes, der »*Jünger, den Jesus liebte*«), zu dem er eine ganz besonders enge Bindung besaß.

Unabhängigkeit oder Verpflichtung?

All das steht im krassen Gegensatz zu vielen Trends, die wir heute um uns herum sehen. So viele Menschen versuchen in der Unabhängigkeit Erfüllung zu finden, gerade so, als könnten sie nur sie selbst sein, wenn sie Beziehungen aus dem Weg gehen. Wir erleben das bei jungen Leuten, die von Zuhause weggehen, um sich in die Anonymität eines städtischen Einzimmerappartements zurückzuziehen, und auch bei

Liebespaaren, die sich nicht durch eine Ehe binden wollen. Unsere Generation hinterlässt oft den Eindruck, dass wir Angst haben, uns dem anderen zu hinzugeben. Beziehungen sind flüchtig und mit einem offenen Ende, das klare Fluchtwege bereithält.

Das geht völlig an der Tatsache vorbei, dass wir das Bild Gottes tragen. Wir sind geschaffen, um mit unserer Spezies zusammenzuleben.

Das zeigt sich zum Beispiel deutlich in der göttlichen Einrichtung der Ehe, die sich ganz deutlich auf die bereits erwähnte Tatsache gründet, dass es für Menschen nicht gut ist, allein zu sein. Eine Ehe setzt natürlich voraus, dass die Partner verschieden sind.

Der eine ist ein Mann, der andere eine Frau, und darüber hinaus gibt es noch weitere Unterschiede in Charakter, Intelligenz, Hintergrund und Lebenserfahrung. Auch Rasse, Hautfarbe und Sprache können verschieden sein. Aber in der Ehe werden diese Unterschiede überwunden, wenn das Leben beider Partner zusammengefügt wird, um »*ein Fleisch*« zu werden. Ein Verlust an »Unabhängigkeit« ist unvermeidlich, da Besitz, Einkommen, Freuden, Sorgen, Freunde, Beziehungen, Ziele und Entscheidungen miteinander geteilt werden.

Doch dieser »Unabhängigkeitsverlust« führt nicht zur Verarmung. Er bereichert uns, da wir ein Leben in gegenseitiger Liebe und beiderseitigem Dienen beginnen. Die Frau wird zur Hilfe ihres Mannes (1Mo 2,18), und er nährt und pflegt sie (Eph 5,29). In einer christlichen Ehe genießt jede Seite die Sicherheit, dass nichts außer der Tod sie trennen wird. Es ist eine Verpflichtung »in Freud und in Leid, in guten wie in schlechten Tagen« – ohne Fluchtwege. Sie ist ausschließlich. Und sie gilt für das ganze Leben.

All das findet sich im Vorbild der Dreieinheit. Die drei Personen der Gottheit teilen ein Wesen, eine Herrschaft und ein Ziel. Sie haben ausschließliche Beziehungen (Jesus ist der eingeborene Sohn) und unwiderrufliche Verpflichtungen.

Der Grundsatz eines gemeinsamen Lebens findet seinen Ausdruck auch in der Familie, wo wir mit unserem Vater, unserer Mutter und mit Brüdern und Schwestern zusammenleben. Möglicherweise haben wir eine Großfamilie mit Großeltern, Cousins, Tanten und Onkel. Auch hier finden wir ein Zusammenleben, dessen Grundlage die Liebe ist. Das Neue Testament benutzt sogar spezielle Worte dafür: *storge* für familiäre Zuneigungen und *philadelphia* für brüderliche Liebe. Familien haben gemeinsame Privilegien, Erfahrungen, Ressourcen, Verpflichtungen und Probleme.

Natürlich sieht die Bibel vor, dass wir diese Einheit eines Tages verlassen: »*Darum wird ein Mann seinen Vater und seine Mutter verlassen und seiner Frau anhängen, und sie werden zu einem Fleisch werden*« (1Mo 2,24). Allerdings müssen wir den Zusammenhang berücksichtigen. Die Stelle sieht nicht vor, dass wir »unser Nest verlassen«, um dann ein Leben für uns selbst zu führen. Wir gehen von Zuhause fort, um zu heiraten. Es ist sehr zweifelhaft, ob es jemals eine Zeit im Leben gibt (z. B. die Jugendzeit), in der es für einen Menschen gut ist, allein zu sein.

Derselbe Grundsatz bildet den Anreiz für Freundschaften. Er drückt etwas Grundlegendes über unser Wesen aus und wurde, wie bereits erwähnt, im Leben Christi veranschaulicht, insbesondere durch seine Freundschaft zu Petrus, Jakobus und Johannes sowie Maria, Marta und Lazarus in Bethanien.

Wir erkennen ihn ebenfalls im Leben der Apostel, vor allem bei Paulus, der offenbar nie alleine gereist ist, sondern stets von einem oder mehreren in seinen Briefen erwähnten Freunden begleitet wurde: Barnabas, Johannes Markus, Silas, Lukas, Timotheus, Titus oder Epaphroditus. Paulus macht immer wieder deutlich, was er diesen Männern und Frauen verdankte, die »*in dem Evangelium zusammen mit mir gekämpft haben*« (Phil 4,3). Diese Freundschaften waren keine Form von sündiger Selbstbestätigung. Sie waren im besten Wortsinne wesentlich und stillten ein Bedürfnis, das Gott tief in unser Wesen hineingelegt hat.

In Gemeinschaft leben

Derselbe soziale Impuls, der das Bild Gottes in uns zum Ausdruck bringt, ist wichtig, um unsere Beziehungen zu unserem weiteren Umfeld zu verstehen. Gott will nicht, dass wir wie ein Einsiedler auf einer einsamen Insel leben. Genauso wenig würde er der zeitgeistlichen Tendenz zustimmen, »einfach alles hinter sich zu lassen«. Stämme, Nationen und Staaten sind sein Werk (auch wenn wir angesichts der vielen Formen von Nationalismus auf der Welt darauf bestehen müssen, dass ihre Grenzen keineswegs unverletzlich sind. Sie sollen Menschen verbinden, nicht voneinander trennen, und noch weniger zu gegenseitigen Terrorakten veranlassen). Gott hat auch nichts gegen Städte. Der Himmel wird nicht als Naturschutzgebiet, geschweige denn als Wildnis beschrieben, sondern als Stadt Gottes (Offb

21,2.10). Christen haben kein Recht, distanziert und teilnahmslos unter anderen Menschen zu leben und sich nur mit ihrer Privatsphäre zu beschäftigen. Wir sind aufgerufen, die Wahrheiten des Evangeliums in das gemeinschaftliche Leben einfließen zu lassen, diese Gemeinschaft mit der Liebe Jesu zu erwärmen, sie in der Kraft des Heiligen Geistes zu stärken und zu beleben und sie als Salz der Erde zu würzen.

Ein Leben, das außerhalb der menschlichen Gemeinschaft geführt wird, entspricht nicht unserer Natur. Wir brauchen Nähe, Mitgefühl und den Rat unserer Mitmenschen. Ohne diese Dinge werden wir neurotisch. Verweigern wir uns ihnen, zeigt das nur, dass wir es bereits sind.

Andererseits können politische und wirtschaftliche Verhältnisse manchmal ein echtes gemeinschaftliches Leben unmöglich machen. Hier sind die Politiker gefragt. Nach den Richtlinien des Neuen Testaments ist es ihre Verantwortung, dafür zu sorgen, dass Männer und Frauen ein würdiges und erstrebenswertes Leben führen können. Das ist nur in einer Gemeinschaft möglich, wo einerseits Individualität geschützt und andererseits Anteilnahme und zwischenmenschliche Beziehungen gefördert werden. Was bedeutet das? Dass die Regierenden ihre Bürger gut informieren; dass Menschen ihren Überfluss mit den Bedürftigen teilen; dass sich die Bevölkerung als Ganzes an Entscheidungsprozessen beteiligen kann; und dass soziale Mobilität nicht durch künstliche Klassenunterschiede oder starre Einwanderungsgesetze behindert wird.

Gleichheit, Vielfalt, Gemeinschaft: All das bringt zum Ausdruck, dass wir nach dem Bild Gottes geschaffen wurden. Können wir dasselbe von der *Ordnung* in der menschlichen Gesellschaft sagen? Spiegelt die Autorität der Eltern über ein Kind (oder die des Ehemannes über seine Frau) beispielsweise eine ähnliche Ordnung in der Dreieinheit wider, wobei der Vater zuerst kommt, dann der Sohn und schließlich der Heilige Geist?

Sicherlich können wir diesen Gedanken nicht einfach von der Hand weisen. Jesus selbst sagte: »*Der Vater ist größer als ich*« (Joh 14,28). Und der Aussage, »*dass der Christus das Haupt eines jeden Mannes ist, das Haupt der Frau aber der Mann*«, fügt Paulus im selben Vers hinzu: »*Des Christus Haupt aber* [ist] *Gott*« (1Kor 11,3). Wir müssen allerdings bedenken, dass Christus nicht *nur* Gott ist: Er wurde *Mensch* und nahm den Platz eines Dieners ein. Manche Dinge, die für ihn als Mensch und Diener gelten, treffen für ihn als Gott nicht zu. Als Gott war er dem Vater gleich (Phil 2,6). Als Diener war er untergeordnet, zur Rechenschaft verpflichtet und abhängig. Seine Liebe ist so wunderbar, weil er bereit war, einen solchen Platz einzunehmen: sich selbst zu nichts zu machen, wie Paulus es ausdrückt (Phil 2,7).

Was die Beziehungen zwischen den Personen der Dreieinheit betrifft, haben wir wahrscheinlich kein Recht, von Rangordnung oder Autorität zu sprechen. Wie wir zuvor schon festgestellt haben, halten die neutestamentlichen Schreiber die Reihenfolge *Vater, Sohn und Heiliger Geist* nicht für unverletzlich. Das so genannte *Athanasianum* erinnert uns: »In dieser Dreifaltigkeit ist nichts früher oder später, nichts größer oder kleiner.« Außerdem ist es eine Tatsache, dass die Bibel die Rangordnung, die sie für das menschliche Leben vorsieht, nicht auf die Beziehungen zwischen den Personen der Dreieinheit stützt.

Dass wir uns der Regierung unterordnen sollen, basiert beispielsweise auf der Tatsache, dass sie Gottes Dienerin ist (Röm 13,4). Was die Autorität des Ehemannes über seine Frau betrifft, nennt die Bibel mehrere Gründe, aber keiner von ihnen steht in Verbindung zu einer Rangordnung innerhalb der Gottheit. Paulus und Petrus führen vielmehr an, dass der Mann zuerst geschaffen wurde (1Tim 2,13); dass die Frau betrogen wurde (1Tim 2,14); dass die Frau für den Mann geschaffen wurde, nicht der Mann für die Frau (1Kor 11,9); und dass die Frau das schwächere Gefäß ist (1Petr 3,7). Natürlich dürfen wir nicht vergessen, dass die Autorität des Ehemannes, wie weit sie auch reichen mag, immer entsprechende Verpflichtungen mit sich bringt. Wenn er sich tyrannisch und egoistisch verhält, hat er kein Recht, sich dabei auf die Bibel zu stützen. Die Stelle, in der die Frau aufgefordert wird, sich unterzuordnen, sagt dem Ehemann, dass er seine Frau lieben, nähren und pflegen soll (Eph 5,21-33). Das beinhaltet natürlich auch, dass er ihr die Freiheit gibt, sich auszudrücken und ihre Begabungen zu entfalten.

Kapitel 5

Unser Leben als Gemeinde

Mehr als einmal stellt das Neue Testament das Gemeindeleben in eine enge Verbindung zum Leben in der Dreieinheit Gottes. Das finden wir insbesondere in Johannes 17,21, wo der Herr betet: »*Damit sie alle eins seien, wie du, Vater, in mir und ich in dir, dass auch sie in uns eins seien, damit die Welt glaube, dass du mich gesandt hast.*«

Diese Worte erinnern uns daran, wie wichtig es für Christus war, dass seine Gemeinde eins sein sollte. Außerdem zeigen sie uns, dass er nicht eine unsichtbare, innere, geistliche Einheit wollte, sondern eine, die die Welt *sehen* konnte und die ihr etwas von der heilenden und rettenden Kraft des Christentums vermitteln würde. Die Sünde hat die Harmonie unter den Menschen zerstört. Überall gab es Schranken: zwischen Juden und Heiden, zwischen Griechen und unzivilisierten Völkern, zwischen Sklaven und Freien. Heute ist es nicht besser. »*Die Zwischenwand der Umzäunung, die Feindschaft*« (Eph 2,14) ist so hoch wie eh und je; sie trennt den Osten vom Westen, den Norden vom Süden, die Reichen von den Armen, die Schwarzen von den Weißen, die Demokraten von den Republikanern. Zerbrochene Familien, gesellschaftliche Uneinigkeit und Banden und Ghettos nehmen mehr und mehr zu.

Der Herr wollte, dass seine Gemeinde eine sichtbare Alternative ist. Sie sollte eine Gemeinschaft sein, in der die Trennwände niedergerissen waren und wo Männer und Frauen nicht »nach dem Fleisch« beurteilt würden (nicht nach ihrer Hautfarbe, ihrem IQ, ihrer Schulbildung, ihrem Auto, ihrer Sonnenbräune, ihrem Gewicht oder ihren Urlaubszielen). In der Gemeinde, wie sie der Herr wünscht, sitzen Reiche neben Armen, Schwarze neben Weißen, Asiaten neben Amerikanern. Sie heißen einander willkommen, weil sie dieselbe geistliche Grundlage teilen, nicht menschliche Merkmale. Hier finden geistig behinderte Personen Annahme, Schwache Kraft und Homosexuelle Hilfe, ihre Vergangenheit hinter sich zu lassen.

Gottes Einheit nachahmen

Aber welche Art von Einheit ist gemeint? Die Art, die zwischen dem Vater und dem Sohn existiert: »*Damit sie alle eins seien, wie du, Vater, in mir und ich in dir.*« Das beinhaltet offensichtlich so etwas wie Übereinstimmung in Glaubensfragen und die Hingabe an gemeinsame Ziele. Aber noch viel mehr. Wir sind eins, weil wir alle dieselbe Beziehung zu Gott haben. Alle Kinder Gottes sind unsere Brüder und Schwestern. Wir suchen sie uns nicht aus. Gott tut das. Wir sind nur verantwortlich, sie zu lieben und anzunehmen.

Aber wir müssen noch weiter gehen. Christen sind eins in dem Vater, dem Sohn und dem Heiligen Geist. Durch die Dreieinheit Gottes sind wir miteinander verbunden. Christ zu sein, bedeutet schließlich, dass der dreieine Gott in jedem von uns wohnt. In uns ist das Leben Gottes. Christus lebt in uns.

Das ist von großer Bedeutung. Der dreieine Gott *gebietet* uns nicht nur »eins« zu sein und gibt uns seine eigene Einheit als Vorbild für unsere. Er *macht* uns eins, indem er in jedem von uns wohnt. Wie kann ein Christ einen anderen Menschen hassen, in dem sein Gott und Erlöser lebt? Wie kann er etwas Schlechtes über ihn erzählen? Wie kann er ihn töten?

Vereint im Wesen

Daraus ergeben sich weitere Dinge. So wie die Personen der Dreieinheit eins in ihrem *Wesen* sind, sind es auch Christen. Sie sind wiedergeboren nach dem Bild Christi und teilen dieselben Grundbedürfnisse. Sie hungern und dürsten nach Gerechtigkeit (Mt 5,6). Sie haben ein Verlangen nach der Milch des Wortes Gottes (1Petr 2,2). Sie sehnen sich nach Gemeinschaft mit Gott (Ps 42,2). Sie singen in ihrem Herzen für den Herrn (Eph 5,19-20).

Vereint in Liebe

Die Einheit der Gemeinde besteht auch in gegenseitiger *Liebe*. Wir können nicht Gott lieben, den wir nicht gesehen haben, ohne unseren Bruder zu lieben, den wir sehen (1Jo 4,20). Außerdem liefert Gott den Maßstab für diese Liebe. Bevor es in den Menschen Liebe gab, existierte sie in Gott – in der Liebe des Vaters für den Sohn und in beider Liebe für den Heiligen Geist. Wir sollen unsere Mitchristen mit derselben Art von Liebe lieben: »*Damit die Liebe, womit du mich geliebt hast, in ihnen sei*« (Joh 17,26).

Das ist sicherlich schon eindrucksvoll genug. Liebe ich andere Gläubige so, wie Gott der Vater den Sohn liebt? Aber es gibt etwas noch Erstaunlicheres: Wir sollen der tiefen Liebe nacheifern, die Gott der Vater für *die Welt* zeigte, als er seinen einzigen Sohn für sie gab (Joh 3,16). Selbst wenn unsere Mitchristen uns enttäuschen oder uns gar verletzen, sollen wir sie so lieben, dass uns kein Opfer und keine Freundlichkeit zu groß ist. Hier geht es nicht um Vollkommenheit oder ein unerreichbares Ideal. Es ist das, woran Paulus in 1. Korinther 13 in seiner großen Hymne an die Liebe dachte. Ganz gleich, wie tief unsere Erkenntnis, wie groß unsere Gaben, wie außergewöhnlich unsere Erfahrungen auch sein mögen, wenn wir diese Art von Liebe nicht zeigen, ist unser Christsein bloßes Getue.

Vereint im Dienst

Die Einheit beinhaltet auch den *Dienst* aneinander. Einer der schönsten Aspekte des Evangeliums ist die Art, wie es den Dienst des Vaters und des Heiligen Geistes am Sohn zeigt. Das finden wir bereits in den alttestamentlichen Verheißungen über den Messias. In Jesaja 42,1 verkündet Gott zum Beispiel: »*Siehe, mein Knecht,* ***den ich halte****, mein Auserwählter, an dem meine Seele Wohlgefallen hat: Ich habe meinen Geist auf ihn gelegt, er wird das Recht zu den Nationen hinausbringen.*«

Wie diese Verheißung erfüllt wurde, zeigte sich bei der Taufe Jesu, als der Heilige Geist sichtbar auf den Herrn herabstieg und der Vater ihn gleichzeitig mit den Worten ermutigte: »*Du bist mein geliebter Sohn, an dir habe ich Wohlgefallen gefunden*« (Mk 1,10-11). Nach seiner Versuchung sandte Gott ihm Engel, die ihm dienten (Mk 1,13). Dasselbe tat er, als Jesus in Gethsemane Todesängste erleiden musste (Lk 22,43). Bevor seine Leiden begannen, stärkte Gott ihn auf dem Berg der Verklärung wiederum durch den Zuspruch: »*Dieser ist mein geliebter Sohn, ihn hört!*« (Mk 9,7). Während seines ganzen Dienstes bestätigte Gott seinen Sohn durch mächtige Taten, Wunder und Zeichen (Apg 2,22). Der Schreiber des Hebräerbriefes sagt uns, dass Jesus sich durch den ewigen Geist Gott darbrachte (Hebr 9,14); und in Johannes 8,16 macht Jesus deutlich, dass er für diese Hilfe dankbar ist: »*Ich bin nicht allein, sondern ich und der Vater, der mich gesandt hat.*«

Die Sorge des Vaters und des Heiligen Geistes für den Sohn ist ein Vorbild für die Art, wie Gläubige einander dienen sollten. Es ist ein Dienst, der Trost und Ermutigung bringt. Wie wichtig kann es hin und wieder sein, einander nur anerkennend zu sagen: »Mein Bruder!« oder »meine Schwester!«, so wie der Vater verkündete: »Mein Sohn!« Oder zumindest gelegentlich zu äußern: »Ich freue mich über dich!« Wir sollten es persönlich, aber auch gemeinschaftlich zueinander sagen. Allzu oft nutzen wir den Anlass, wenn es etwas zu Tadeln oder zu Kritisieren gibt. Was wir über die Beziehungen zwischen dem Sohn und den anderen Personen der Gottheit während seines irdischen Dienstes wissen, macht deutlich, dass sie daran beteiligt waren und ihn uneingeschränkt unterstützten. So sollte es auch unter den verschiedenen Gläubigen in der Gemeinde sein.

Vereint in Gemeinschaft

Des Weiteren ist klar, dass die Einheit zwischen dem Vater, dem Sohn und dem Heiligen Geist eine vollkommene *Gemein-*

schaft einschließt. Das neutestamentliche Wort dafür ist *koinonia*, was *teilen* oder *gemeinsam haben* bedeutet. Auf tiefster Ebene bedeutet diese Gemeinschaft unter den Personen der Dreieinheit, dass sie dasselbe Wesen haben. Sie besitzen ein gemeinsames göttliches *Wesen* (wie wir gesehen haben, drückten die Kirchenväter das mit dem Wort *homousios* aus). Der Vater, der Sohn und der Heilige Geist haben auch die göttliche *Souveränität* gemein. Das kommt symbolisch zum Ausdruck in Offenbarung 5,6, wo der Sohn zusammen mit dem Vater inmitten des Thrones sitzt. Sie teilen auch dieselbe *Herrlichkeit*. Die Herrlichkeit des Sohnes ist die, die er *bei* dem Vater hatte (Joh 17,5). Das gleiche gilt für das göttliche *Wissen*. Was der Vater weiß, wissen auch der Heilige Geist und der Sohn. Das sehen wir beispielsweise in Matthäus 11,27. Es gibt Dinge, die vor weisen und verständigen Menschen verborgen, aber Christus geoffenbart wurden: »*Alles ist mir übergeben worden von meinem Vater.*« Der Vater, der Sohn und der Heilige Geist verbergen nichts voreinander. Der Herr kann sogar sagen: »*Alles, was mein ist, ist dein, und was dein ist, mein*« (Joh 17,10).

Dieser Aspekt des Teilens sollte sich auch in den Beziehungen unter Christen zeigen. In seinem ersten Brief sagt Johannes, dass »*wir Gemeinschaft miteinander haben*« (1Jo 1,7). Wir teilen alles. Wir teilen die Arbeit am Evangelium (Phil 1,5), das Geben und Empfangen (Phil 4,15-16) und die Gaben, die alle dem ganzen Leib gehören (1Kor 12,7). Wir tragen die Lasten des anderen (Gal 6,2). Wir teilen miteinander, damit kein Mitchrist Not leidet (Apg 4,34-35).

Das alles kommt im Mahl des Herrn zum Ausdruck,

weshalb es in der katholischen Kirche auch »Kommunion« (engl. *communion*, dt. *Gemeinschaft*) heißt. Paulus sagt, dadurch haben wir teil am Leib und am Blut Christi (1Kor 10,16). Das bedeutet nicht, dass dieses Teilhaben *nur* beim Mahl des Herrn stattfindet. Zumindest in diesem Punkt betont das Mahl des Herrn etwas, das für unser ganzes Leben als Christ gilt. Wir sind durch die Tatsache miteinander verbunden, dass wir, an welchem Ort wir auch sein mögen, an dem Leib und Blut Christi teilhaben: d.h., wir erleben zusammen die Segnungen des neuen Bundes (Segnungen, die dadurch sicher sind, dass der Herr für uns seinen Leib gab und sein Blut vergoss).

Soweit es möglich ist, sollte sich diese Tatsache in der Weise ausdrücken, wie wir das Mahl handhaben. Wenn wir das Brot von einem Mitgläubigen entgegennehmen und es zum nächsten weiterreichen, wird die Wahrheit deutlich, dass die Gemeinde eine Gemeinschaft des Gebens und Empfangens ist, in der Gottes Gaben ständig zirkulieren und in der jeder etwas zu geben und zu empfangen hat. Kommt dieser Kreislauf durcheinander, leidet die ganze Gemeinde.

»Ein Fleisch«

Aber es gibt etwas, das über die Gemeinschaft hinausgeht und tiefer ist als sie. Die großen Theologen der frühen Gemeinde hatten ein spezielles Wort dafür: *perichoresis*. Leider ist es sehr schwer ins Deutsche zu übersetzen. Was sie zu sagen versuchten, ist Folgendes: Die Personen der Dreieinheit sind nicht nur *neben-*, *bei-* und *hin zu*einander, sie wohnen auch *in*einander. Das sehen wir in Johannes 14,11: »*Ich bin **in** dem*

*Vater und der Vater ist **in** mir.*« Dieser Gedanke wird auch in Johannes 17,21 ausgedrückt: »*Damit sie alle eins seien, wie du, Vater, **in** mir und ich **in** dir*«; und noch einmal in Johannes 17,23: »*Ich **in** ihnen und du **in** mir.*« Worte wie diese weisen auf eine Art von Einheit hin, die unglaublich nah und vertraut ist. Sie geht weit über das hinaus, was wir als Menschen erfahren können. Deshalb kann Jesus in Johannes 14,9 zu Philippus sagen: »*Wer mich gesehen hat, hat den Vater gesehen.*«

Für uns ist es offensichtlich unmöglich, eine solch enge Beziehung zu irgendeinem anderen Menschen zu haben. Doch in der christlichen Gemeinde, die als der Leib Christi gesehen wird, gibt es etwas, das über bloßes Teilen hinausreicht. Wir sind so eng miteinander verbunden und haben so tiefe Zuneigungen und Gefühle füreinander, dass 1. Korinther 12,26 sagt: »*Wenn ein Glied leidet, so leiden alle Glieder mit.*« Nimmt ein Christ nicht seinen Platz ein, sind alle betroffen, da die Gemeinde ein Leib ist, der durch jedes stützende Gelenk verbunden ist und zusammengehalten wird. Er kann nur wachsen, wenn jedes Teil seine Funktion ausübt (Eph 4,16).

Wir haben kein Recht, einander im Weg zu stehen, und noch weniger, einander in den Haaren zu liegen. Aber die eben zitierten Stellen aus dem Neuen Testament machen ein gewisses Maß an Verpflichtung, Sorge, Hingabe und Vertrautheit deutlich, das weit über das hinausreicht, was wir normalerweise in Gemeinden heute finden. Die Tatsache, dass Christus und die Gemeinde »*ein Fleisch*« sind (Eph 5,29-32), deutet nicht bloß auf eine enge Verbindung zwischen ihm und jedem Glied an seinem Leib hin, sondern auch auf eine enge Verbindung zwischen den verschiedenen Gliedern untereinander. Auch sie sind ein Fleisch, zutiefst miteinander verbunden, und sie müssen das in einem gemeinschaftlichen Leben zum Ausdruck bringen.

Gottes Vielfalt nachahmen

Ich hoffe, es wurde genug darüber gesagt, was die Lehre von der Dreieinheit für die Einheit der Gemeinde bedeutet. Doch nicht weniger wichtig ist sie für die Vielfalt der Gemeinde. Wir haben gesehen, dass sich der Vater, der Sohn und der Heilige Geist deutlich voneinander unterscheiden. Jeder ist anders. Jeder hat eine einzigartige Eigenschaft, die ihm seine persönliche Identität gibt. Wenn die Gemeinde das Leben der Dreieinheit widerspiegeln soll, muss sie dieser Vielfalt gerecht werden. Wir sollen nicht nur einräumen, dass alle Christen verschieden sind, wir müssen auch darauf bestehen, ja uns sogar darüber freuen. Die weltumspannende Gemeinde beinhaltet eine erstaunliche Vielfalt, was Nationalität, Kultur, Intelligenz, Erkenntnis, Charakter, Begabung und Erfahrung angeht. Die Gemeinde des einen Zeitalters unterscheidet sich von der eines anderen. Jede hat ihren eigenen Charakter, ihre besondere Entstehung, ihre Geschichte, ihr Umfeld und ihre Leitung.

Eine Folge dessen ist: Gott möchte, dass jeder von uns *seinen eigenen* speziellen Dienst ausübt. Das sehen wir an der Art und Weise, wie sich die Apostel in den Briefen an die frühe Gemeinde zu erkennen gaben. Sie sagten nicht: »Hier spricht ein Apostel«, sondern »hier spricht Petrus« oder »hier spricht Johannes«. Wir sind wir, und unser Dienst muss zum Ausdruck bringen, was wir sind und was wir können. Manche von uns reichen an andere einfach nicht heran; anderen wiederum würde nicht einmal das genügen. Von jedem von uns will Gott sein ganzes Leben: ein Opfer, das zeigt, was wir aufgrund von Vererbung, Sozialisation, erfahrener Gnade und der Gabe des Geistes sind.

Ebenso können die verschiedenen christlichen Gemeinden auf unterschiedliche Weise zur Arbeit im Reich Gottes beitragen. Manche sind sehr theologisch ausgerichtet, andere haben große missionarische Fähigkeiten und wiederum andere können großes Leid ertragen. Es steht bei Gott, diese unterschiedlichen Fäden zu einem großen Wandteppich zu verweben. Aber aus fader Eintönigkeit kann er nicht entstehen. Unsere nationalen und kulturellen Unterschiede verleihen unserem christlichen Dienst Farbe.

Wir müssen aufpassen, dass wir die Einheit nicht über die Vielfalt stellen oder umgekehrt. Die Gemeinde ist nicht eins *trotz*, sondern *wegen* ihrer Vielfalt. Denken Sie an den Körper. Jeder von uns hat einen Körper, der aber aus vielen verschiedenen Teilen besteht. Er funktioniert nur als Einheit, wenn alle ihre spezielle Aufgabe erfüllen. Dasselbe gilt für ein Auto. Es wäre nicht zu gebrauchen, wenn es nur aus Kupplungen bestehen würde, oder wenn das Getriebe gerne ein Vergaser wäre. Natürlich können wir solche Bilder nicht überstrapazieren. Mandeln und Speiseröhren, Kupplungen und Vergaser sind nicht so eigensinnig und dickköpfig wie viele Gläubige!

Dennoch ist es wahr: Die Einheit der Gottheit resultiert

daraus, dass der Vater der Vater, der Sohn der Sohn und der Heilige Geist der Heilige Geist ist. In derselben Weise ergibt sich die Einheit der Gemeinde daraus, dass jeder von uns er selbst ist und das tut, wozu Gott ihn geschaffen hat. Die christliche Einheit wird nicht durch einen Mangel an Einheitlichkeit zerstört, sondern dadurch, dass die »einigende Kraft« fehlt: Liebe zu Gott, Liebe zueinander und ein gemeinsames Anliegen für die Welt. Wenn das nicht vorhanden ist, dann ziehen wir uns destruktiv in uns selbst zurück. Sind diese Dinge aber bei uns vorhanden, lassen wir persönliche Bedürfnisse und Interessen außer Acht und bringen auf eigene, unverwechselbare Weise unseren Gehorsam gegenüber Christus zum Ausdruck.

Kapitel 6

Die Dreieinheit und das persönliche Leben als Christ

Gott in uns

Wenn wir darüber nachdenken, was die Lehre von der Dreieinheit für unser persönliches Leben als Christ bedeutet, dann ragt eine Tatsache besonders heraus: Die drei Personen der ewigen Dreieinheit leben in jedem Christen. Sie wohnen in unserem Wesen. Unser Körper ist der Tempel Gottes (1Kor 6,19). Der Herr erwähnt das in Johannes 14,23. Dort erinnert er uns, dass nicht nur er, sondern auch Gott der Vater in uns lebt: »*Wenn jemand mich liebt, so wird er mein Wort halten, und mein Vater wird ihn lieben, und wir werden zu ihm kommen und Wohnung bei ihm machen.*« Auch der erste Johannesbrief lehrt, dass Gott der Vater in uns lebt. In 1. Johannes 4,12.16 lesen wir beispielsweise: »*Wenn wir einander lieben, bleibt Gott in uns, und seine Liebe ist in uns vollendet. … Wer in der Liebe bleibt, bleibt in Gott und Gott bleibt in ihm.*«

Das Neue Testament betont an vielen Stellen, dass Christus in uns lebt. In Johannes 14,18 lesen wir zum Beispiel: »*Ich werde euch nicht verwaist zurücklassen, ich komme zu euch.*« Eine ähnliche Belehrung findet sich in Johannes 15,4-5: »*Bleibt in mir und ich in euch! … Wer in mir bleibt und ich in ihm, der bringt viel Frucht.«* Paulus erwähnt diesen Punkt gegenüber den Galatern: »*Ich bin mit Christus gekreuzigt, und nicht mehr lebe ich, sondern Christus lebt in mir*« (Gal 2,19-20). Eines seiner Gebete für die Epheser war, »*dass der Christus durch den Glauben in euren Herzen wohne*« (Eph 3,17).

Die Tatsache, dass der Heilige Geist in uns lebt, wird sogar noch häufiger betont. Laut Römer 8,11 wohnt der Geist dessen in uns, der Jesus aus den Toten auferweckt hat; Johannes 14,17 sagt, dass er bei uns bleibt und in uns sein wird; und Apostelgeschichte 2,4 zufolge erfüllt er uns. Verschiedene andere Stellen sprechen davon, dass wir mit dem Heiligem Geist getauft (Apg 1,5) und von ihm geleitet werden (Röm 8,14) und er uns hilft (Röm 8,26).

Daraus lässt sich eindeutig schließen, dass ein Christ eine ganz außergewöhnliche Person ist. Würden wir sagen, dass er jemand ist, der »mit Gott in sich« herumläuft, würden wir gar nicht so falsch liegen. Henry Scougal hatte absolut Recht, als er vom »Leben Gottes in der Seele des Menschen« sprach.

Aber was bedeutet das?

Auswirkungen

Als erstes gibt es uns *Sicherheit.* Wir werden von der Kraft Gottes bewahrt (1Petr 1,5). Viele Dinge versuchen uns zu verderben und zu zerstören, aber in uns ist diese unsichtbare Festung, der dreieine Gott. Gott ist ein Schild (Ps 84,12), eine starke Burg (Ps 18,3) und ein Bergungsort (Ps 32,7). Wir sind sicher, weil die wahren Quellen unseres Lebens in Gott verborgen sind (Kol 3,3), außer Reichweite des Feindes.

Zweitens gibt uns der in uns wohnende dreieine Gott

Kraft. Dazu hat die Bibel Erstaunliches zu sagen. Nehmen wir beispielsweise die Worte aus Jesaja 40,29-31. In Situationen, in denen fähige und starke, kampferprobte Krieger besiegt sind und aufgeben, bekommen schwache, unzulängliche Menschen, die auf Gott zählen, neue Kraft: »*Sie heben die Schwingen empor wie die Adler, sie laufen und ermatten nicht, sie gehen und ermüden nicht.*«

Römer 8,37 lehrt etwas Ähnliches. Wir können nicht nur Hungersnöte und Verfolgungen, Entbehrungen und Gefahren überwinden, wir können *mehr* als Überwinder sein. Es geht nicht nur ums blanke Überleben, sondern um einen triumphalen Sieg.

In Philipper 4,13 scheint Paulus den Gedanken noch ein Stück weiterzuführen: »*Alles vermag ich in dem, der mich kräftigt.*« Er sagt nicht ausdrücklich, wer ihm Kraft gibt, er lässt es offen: »*der mich kräftigt.*« Doch angesichts unserer bisherigen Ausführungen ist es nicht entscheidend, ob er den Vater, den Sohn oder den Heiligen Geist meint. Der dreieine Gott stärkt uns. Das Ergebnis zählt: »*Ich vermag alles.*« Was Paulus beim Schreiben im Sinn hatte, ist Zufriedenheit. Sogar in einem römischen Gefängnis konnte er zufrieden sein (Phil 4,12). Er war in jeder Situation zufrieden. Wie ging das? In dem, der ihn stärkte! In ihm vermochte Paulus alles. Christen können alles, was Gott von ihnen will. Sie können jede Last tragen, jede Versuchung überwinden, jeden Schmerz aushalten. Gott kümmert sich um all ihre Bedürfnisse.

Das muss der Stoff sein, aus dem unsere Träume sind. Es gibt nichts, was die Gemeinde und der einzelne Christ nicht tun können, wenn wir mit unseren Gebeten dahinter stehen.

Unsere eigenen Fähigkeiten und unsere Kraft sind nicht der Maßstab für unser Potential. Gott, der mit seinem Geist in uns wohnt, ist der Maßstab.

In einem Interview mit Michael Parkinson erzählte Catherine Bramwell-Booth, wie sie als junges Mädchen einmal von einem Dienst in das lokale Hauptquartier ihrer Heilsarmee zurückkam. Vor ihr stand ihr Großvater, der eindrucksvolle General Booth. »Wie bist du zurechtgekommen, Catherine?«, fragte er auf seine einschüchternde Art. »Ich habe mein Bestes getan, Opa«, erwiderte sie kleinlaut. Die Reaktion des Generals war vernichtend: »Catherine, dein Bestes ist nicht gut genug!« Dann fügte er aber hinzu: »In Christus können wir mehr als unser Bestes tun.« Das ist es, was es heißt, dass der dreieine Gott in uns wohnt.

Die große Wahrheit, dass Gott in uns lebt, hat aber auch noch eine andere Seite: *Wir können seiner Gegenwart nie entkommen.* Wir können ihn nie abschütteln. Das bedeutet zum Beispiel, dass wir Gott nicht bitten können, sich mal eben umzudrehen, wenn wir sündigen wollen. Da unser Körper sein Tempel ist, können wir nur in seinem Tempel sündigen, direkt vor seinen Augen. Das kann also mitunter etwas beklemmend sein. So finden wir in Psalm 139, wie ein Gläubiger, der versucht, von Gott wegzukommen, empfindet:

Von hinten und von vorn hast du mich umschlossen,
du hast deine Hand auf mich gelegt.
Wohin sollte ich gehen vor deinem Geist,
Wohin fliehen vor deinem Angesicht?
(Ps 139,5.7)

Um noch einen draufzusetzen: Dieser Gott, der in uns ist, ist ein gewaltiger Gott: »*Denn auch unser Gott ist ein verzehrendes Feuer*« (Hebr 12,29). Das zeigte sich eindrucksvoll zu Pfingsten, als Gott auf besondere Weise zu den Gläubigen des neuen Bundes kam, um in ihnen zu wohnen. Er kam als ein gewaltiger Wind und in zerteilten Zungen wie von Feuer (Apg 2,2-3) – eine kaum zu kontrollierende gewaltige Kraft. Der Gott, der über die apostolische Gemeinde kam, erschien als mächtige Kraft, die die Welt erfasste, sie eroberte und veränderte.

Aber er kam auch als Feuer, und was immer Feuer sonst noch bedeuten mag, es ist auf jeden Fall gefährlich. Selbst wenn man nur wenig vom Alten Testament weiß, wird einem doch schnell klar, wie schwer es die Israeliten hatten. Gott lebte unter ihnen, was viele Segnungen zur Folge hatte. Aber es brachte auch viele andere Dinge mit sich. Es war so, als wäre die ganze Zeit der Admiral an Bord des Schiffes. Andere Völker konnten mit manchem durchkommen. Israel nicht. Es schien weit mehr »Regeln« zu haben als andere Nationen. Außerdem wurden sie ständig von Gott »besucht«, und keineswegs immer nur, um gesegnet zu werden.

So war es auch im Neuen Testament: etwas, das Hananias und Saphira vergessen hatten (Apg 5,1-11). Sie taten so, als hätten sie mehr für das Werk des Herrn gegeben, als es in Wirklichkeit der Fall war. Sie belogen Gott und mussten die entsetzlichen Folgen tragen. Kein Wunder, dass »*große Furcht über die ganze Gemeinde kam und über alle, welche dies hörten*« (Apg 5,11).

Die Gegenwart Gottes in und bei seinem Volk ist wirklich

ein großer Trost und eine Ermutigung. Aber es bedeutet auch eine große Verantwortung. Dass er unter uns lebt, verleiht dem Gebot in 1. Petrus 1,16 besonderen Nachdruck: »*Seid heilig, denn ich bin heilig*« (s. auch 3Mo 11,44-45). Wir können Gott nicht täuschen. Wir können nicht mit ihm spielen. Und wir können nicht sündigen, ohne entdeckt zu werden.

Annahme als Kinder Gottes

Ein besonderer Segen ist, dass Gott uns als seine Kinder annimmt. Richtig verstehen können wir das nur im Hinblick auf die Dreieinheit. So werden Gläubige Söhne und Töchter Gottes, was bedeutet, dass sie in die Beziehung zu Gott kommen, die Jesus genießt. Natürlich gibt es Unterschiede, wie es der Herr mitunter in seinen Worten andeutet. In Johannes 20,17 vermeidet er beispielsweise den Ausdruck »*unser* Vater« und sagt stattdessen: »*Ich fahre auf zu meinem Vater und eurem Vater und zu meinem Gott und eurem Gott!*«

Aber der Unterschied liegt eher in der Art und Weise, wie wir zu seinen Kindern werden, statt in der Beziehung selbst. Christus ist Gottes ewiger Sohn; wir werden nur zu Gottes Söhnen und Töchtern, wenn wir Jesus annehmen (Joh 1,12). Er ist von sich aus Gottes Sohn; wir werden es durch Gnade (1Jo 3,1). Aber die Beziehung an sich ist im Grunde dieselbe. Wir sind Erben Gottes und *Miterben* Christi (Röm 8,17). Wir haben exakt dasselbe Erbe. Johannes 17,26 zufolge werden wir mit derselben Liebe geliebt: »*Damit die Liebe, womit du mich geliebt hast, in ihnen sei und ich in ihnen.*« Wie Jesus haben wir das Recht, Gott »*Abba*« (Vater) zu nennen, etwas, das die Juden vor Christus nie taten. Wir haben das Recht, vor den

Thron Gottes zu treten, seiner Majestät persönlich und vertrauensvoll zu nahen und Gott dem Vater alles zu sagen, was uns fasziniert oder bedrückt (Hebr 4,16).

Doch das Erstaunlichste ist: Wir werden mit Jesus dieselbe Zukunft teilen. Er sagt einmal: »*Vater, ich will, dass die, welche du mir gegeben hast, auch bei mir seien, wo ich bin, damit sie meine Herrlichkeit schauen, die du mir gegeben hast*« (Joh 17,24). An anderer Stelle sagte er: »*Und die Herrlichkeit, die du mir gegeben hast, habe ich ihnen gegeben*« (Joh 17,22). Und in Johannes 14,3 versicherte er seinen Jüngern: »*Und wenn ich hingehe und euch eine Stätte bereite, so komme ich wieder und werde euch zu mir nehmen, damit auch ihr seid, wo ich bin.*«

Haben wir irgendeine Vorstellung, was das genau bedeutet? Zum einen werden wir einen *Körper* haben, der mit dem Auferstehungsleib Christi identisch ist. Das versichert uns Paulus in Philipper 3,21: Der Herr »*wird unseren Leib der Niedrigkeit umgestalten und seinem Leib der Herrlichkeit gleichförmig machen.*« In derselben Weise wird Gott *unseren Charakter und unsere Persönlichkeit* verändern. Aus diesem Grund hat er uns auserwählt und berufen, um »*dem Bilde seines Sohnes gleichförmig zu sein*« (Röm 8,29). In dieser Hinsicht unterscheidet sich eine menschliche Adoption radikal von der Annahme Gottes, die uns zu seinen Kindern macht. Menschliche Adoptiveltern können ihre Kinder mit jeder Art von Liebe und Großzügigkeit überschütten. Aber sie können nicht ihr Inneres ändern, da viele Merkmale vererbt sind. Ein Adoptivkind wird nie die blauen Augen seines Adoptivvaters oder die Intelligenz seiner Adoptivmutter bekommen. Doch wenn Gott einen Menschen annimmt, *verändert* er ihn auch, sodass wir letzten Endes so wie Christus sind.

In derselben Weise werden mit dem ewigen Sohn seine Stellung und sein Ansehen teilen. Gott wollte, dass wir »*über die Fische des Meeres herrschen und über die Vögel des Himmels und über das Vieh und über die ganze Erde und über alle kriechenden Tiere, die auf der Erde kriechen*« (1Mo 1,26). Nur in Christus können wir das erfüllen (Hebr 2,6-9). Wir herrschen *mit ihm* (2Tim 2,11-12). Er teilt sogar sein Lebensumfeld mit uns und nimmt uns an dem Ort auf, an den er gegangen ist (Joh 14,3), und wir dürfen ihm so nahe kommen, dass wir ihn von Angesicht zu Angesicht sehen können (1Kor 13,12).

Das alles bedeutet: In der Erlösung nimmt der Gedanke an Gemeinschaft mit Christus gewaltige Ausmaße an. Das Ergebnis (und die Absicht) der Liebe, die der Vater zeigte, indem er seinen Sohn gab, ist das »ewige Leben«: d.h., wir haben Leben aus Gott selbst. Jeder Segen, den Christus als Sohn genießt, gehört uns. Gerade so, als hätte jeder in der Gemeinde das *Erstgeburtsrecht* (deshalb wird sie in Hebräer 12,23 wohl auch »*Gemeinde der Erstgeborenen*« genannt).

Allerdings dürfen wir nicht vergessen, dass das auch eine unangenehmere Seite mit sich bringt: Paulus nennt es »*die Gemeinschaft seiner Leiden*« (Phil 3,10). Christus, Gottes Erstgeborener und unser älterer Bruder, wurde durch Leiden vollkommen gemacht (Hebr 2,10). Er wurde von der Welt gehasst, von seinen Freunden verlassen und vom Teufel angegriffen. Er kannte sowohl extreme körperliche als auch emotionale Schmerzen. Christen werden unweigerlich auch daran teilhaben; und obwohl wir in der westlichen Welt gegenwärtig ein vergleichsweise leichtes Leben haben, dürfen wir nicht die Millionen von Mitgläubigen vergessen, besonders in marxistischen und muslimischen Ländern, die für die Jüngerschaft noch immer einen hohen Preis bezahlen müssen. Sie wissen, was Paulus mit der Aussage über die neutestamentliche Gemeinde meinte: »*Wenn wir ausharren, werden wir auch mitherrschen*« (2Tim 2,12).

Evangelisation

Auf den ersten Blick scheint kaum eine Verbindung zwischen der Lehre von der Dreieinheit und der Evangelisation zu bestehen. Sehen wir jedoch etwas genauer hin, können wir feststellen, dass die Dinge nicht so sind, wie sie scheinen.

Im Missionsbefehl sagte Jesus seinen Jüngern beispielsweise: »*Macht alle Nationen zu Jüngern, und tauft sie auf den Namen des Vaters und des Sohnes und des Heiligen Geistes*« (Mt 28,19). Es ist wohl kaum wahrscheinlich, dass sie auf einen Namen getauft wurden, den sie gar nicht kannten. Der Missionsbefehl beinhaltete den Auftrag, alle Nationen über den Vater, den Sohn und den Heiligen Geist zu belehren.

Laut Apostelgeschichte 8,37 glaubte der äthiopische Kämmerer bei seiner Taufe, dass Jesus der Sohn Gottes ist (dieser Vers findet sich nur in späteren Manuskripten, aber das äthiopische Glaubensbekenntnis an Christus ist seit dem frühen 2. Jahrhundert überliefert).

Nachdem erklärt wurde, dass Gott der Vater Jesus aus den Toten auferweckt und er den verheißenen Heiligen Geist empfangen hatte, um ihn auf die Gläubigen auszugießen, ruft Petrus die Menge in Apostelgeschichte 2,38 auf, sich auf den Namen Jesu Christi taufen zu lassen.

Als der Gefängniswärter in Apostelgeschichte 16,30 fragt, was er tun muss, um errettet zu werden, erwidert Paulus: »*Glaube an den Herrn Jesus.*« Bevor er und sein Haus getauft werden, belehrt Paulus sie über den Herrn. Um im Neuen Testament ein Christ zu werden, musste man an Jesus als Herrn, an die Liebe des Vaters und an die Taufe des Heiligen Geistes glauben. So etwas wie eine nichttheologische Evangelisation konnte es in einer solchen Situation nicht geben. Ohne die Botschaft zu hören, gab es keinen Glauben. Aus demselben Grund konnte man den Glauben nicht für sich behalten. Die Wahrheit, dass Jesus Herr war, Gott sein Vater und der Heilige Geist sein Stellvertreter, war nicht für das Schneckenhaus oder das Klassenzimmer gedacht. Diese Wahrheit war bestimmt für das persönliche Zeugnis, für Predigten in der Öffentlichkeit, zum Verteilen von Traktaten und Flyern und für evangelistische Veranstaltungen.

Ohne die Lehre von der Dreieinheit können wir nicht einmal ansatzweise die Verheißungen verstehen, die Jesus in den Evangelien gibt. Nehmen wir nur die in Matthäus 11,28, wo Jesus sagt: »*Kommt her zu mir, alle ihr Mühseligen und Beladenen! Und ich werde euch Ruhe geben.*« Das sind vertraute Worte. Aber ihre Vertrautheit sollte uns nicht dafür blind machen, wie außergewöhnlich sie sind. Er fordert (nicht weniger als) die ganze Welt auf, zu ihm zu kommen, und er verheißt: »Wenn sie *alle* kommen, werde ich allen Ruhe geben. Ich kann sie alle belehren. Ich kann die Lasten aller tragen. Ich kann ihre tiefsten Bedürfnisse stillen. Ich kann sie von jeder Neurose und jeder Sorge befreien und sie heilen und freimachen.« Ohne die Lehre von der Dreieinheit und der damit verbunden Anerkennung, dass Jesus Gott ist, wären das nur die Worte eines absolut Größenwahnsinnigen. Nur, weil er über unbegrenzte Liebe, Weisheit und Macht verfügt, kann der Erlöser eine so gewaltige und umfassende Verheißung erfüllen.

Nur, weil Jesus ist, was die Lehre von der Dreieinheit über ihn sagt, haben wir einen Grund, zu ihm im Glauben zu kommen. Warum sonst sollten wir Christen werden? Häufig vermitteln Menschen den Eindruck, sie hätten sich nur an Christus gewandt, weil sie in einer Lebenskrise steckten, nicht weiterkamen oder einen großen Verlust hinnehmen mussten und die Leere in ihrem Leben erkannten, und deshalb haben sie Jesus angenommen. Abgesehen von allem anderen, erweckt das den Anschein, als gäbe es keinen Grund, Christ zu werden, solange man nicht in der Klemme steckt und alles glatt läuft.

Der wahre Grund, ein Christ zu werden, ist natürlich Jesus selbst. Ob wir etwas fühlen oder brauchen oder auch nicht, er ist der Herr, und deshalb beugen wir unsere Knie vor ihm. Angenommen, es geht uns gut und wir führen ein normales, anständiges Leben, haben eine gute Arbeit, eine feste Beziehung und sind keiner besonders bösen Gewohnheit schuldig, dann sollten wir dennoch Christen sein. Warum? Weil es ihn gibt! Weil er Gott ist! Weil er die Wahrheit ist! Wir fallen nicht in Anbetung vor seinen Füßen nieder, weil wir etwas fühlen, sondern weil er ist, was er ist.

Anbetung

Das führt uns zurück zu der wichtigsten von allen praktischen Auswirkungen, die die Lehre von der Dreieinheit zur Folge hat: Wir müssen Gott *als dreieinen* Gott anbeten.

Das geistige Bild, das wahrscheinlich die meisten Christen von der Dreieinheit haben, ist das von einem riesigen Thron, umgeben von zwei kleineren: der Vater befindet sich im Zentrum und der Sohn und der Heilige Geist sitzen wie zwei kleine Prinzen zu seiner Rechten und zu seiner Linken. Dieses Bild zeigt sich bei denen, die dazu neigen, sich ausschließlich an Gott den Vater zu richten. Wenn aber der Sohn und der Heilige Geist eins mit dem Vater und somit vollkommen Gott sind, steht ihnen gleichermaßen Verehrung zu. Im Neuen Testament finden wir kaum Hinweise, dass wir den Heiligen Geist verehren sollen, obschon wir davor gewarnt werden, ihn nicht zu *betrüben* (Eph 4,30). Die Konsequenzen, wenn wir es doch tun, beschreibt die Geschichte von Hananias und Saphira (Apg 5,1-11).

Was jedoch den Sohn angeht, gibt es klare Anzeichen, dass ihm die frühe Gemeinde Verehrung entgegenbrachte. Das gilt sogar schon für die Zeit vor seinem Kreuz und seiner Auferstehung. In Matthäus 2,2 sprachen die Weisen aus dem Morgenland zum Beispiel davon, dass sie gekommen waren, um ihm zu huldigen. Und in Lukas 5,8 sehen wir, wie Petrus vor Jesus niederkniete und sagte: »*Geh von mir hinaus! Denn ich bin ein sündiger Mensch, Herr.*« Matthäus berichtet, dass die Jünger nach der Auferstehung »*seine Füße umfassten und sich vor ihm niederwarfen*« (Mt 28,9). In 1. Korinther 1,2 werden Christen, »*die an jedem Ort den Namen unseres Herrn Jesus Christus anrufen*«, als Anbeter Jesu definiert. In 2. Korinther 12,8 berichtet Paulus, dass er *den Herrn* (Jesus) dreimal bat, den ihn quälenden »*Dorn für das Fleisch*« wegzunehmen. In Epheser 5,19 sagt er über christliche Anbeter nicht nur, dass sie Gott dem Vater danken, sondern auch mit »*Lobliedern und geistlichen Liedern … dem Herrn in ihren Herzen*« singen und spielen sollen. In Philipper 2,10-11 wird uns mitgeteilt, dass sich letzten Endes jedes Knie vor dem Namen Jesu beugen und jede Zunge ihn als Herrn bekennen wird. Laut Hebräer 1,6 sollen alle Engel Gottes ihn anbeten, und wie Offenbarung 1,17 deutlich macht, wird es unsere natürliche Reaktion sein, bei seinem Anblick wie tot vor seinen Füßen niederzufallen.

Die Anbetung Jesu scheint für Heiden das Auffälligste an den frühen Christen gewesen zu sein. Eine der frühsten Erwähnungen von Christen in säkularen Quellen stammt aus einem Brief (von ca. 112 n. Chr.) des römischen Statthalters Plinius an den Kaiser Trajan. Plinius schreibt, dass es die Christen gewohnt waren, sich an einem festen Tag bei Tagesanbruch zu versammeln, »um Christus Loblieder zu singen wie einem Gott«.

Für uns heute bleibt es das allerwichtigste: Wir beten Gott den Sohn ebenso an wie Gott den Vater. Er weckt in uns dieselbe Liebe, dasselbe Empfinden für das Heilige und dasselbe Vertrauen. An ihn richten wir unsere Gebete nicht weniger als an den Vater. Ihm gelten unsere Loblieder und unser Lobpreis. Sein Wort hören wir in der Predigt und seinen Namen preisen wir bei seinem Mahl. Ihm gilt unser sofortiger, bedingungsloser Gehorsam. Für ihn geben wir unser Leben hin: »*Wer Vater oder Mutter mehr liebt als mich, ist meiner nicht würdig; und wer Sohn oder Tochter mehr liebt als mich, ist meiner nicht würdig; und wer nicht sein Kreuz aufnimmt und mir nachfolgt, ist meiner nicht würdig. Wer sein Leben findet, wird es verlieren, und wer sein Leben verliert um meinetwillen, wird es finden*« (Mt 10,37-39).

Teil 3

Unter Beschuss

Kapitel 7

Judentum und Islam

Es überrascht nicht, dass die Lehre von der Dreieinheit abgelehnt und lächerlich gemacht wurde, nicht nur von ausgemachten Heiden, sondern auch von tiefreligiösen Menschen und sogar von einigen, die behaupten, Christen zu sein. Zunächst wollen wir uns die beiden theistischen Religionen ansehen, die mit dem Christentum den Glauben an einen Gott gemeinsam haben.

Judentum

Der ganze Gedanke an einen dreieinen Gott ist Juden absolut zuwider. In den ersten Jahrhunderten des Christentums konnten sie nur verachtend von Jesus reden und taten ihn als Zauberer und Hochstapler ab. In jüngster Zeit haben sie respektvoller von ihm gesprochen und zumindest den Wert seiner Morallehren anerkannt. Aber das Judentum lehnt noch immer die für Christen wichtigsten Ansprüche Jesu ab: dass er der Messias und der Sohn Gottes war. Niemand kann an eine dieser beiden Lehren glauben und gleichzeitig erwarten, als Jude anerkannt zu werden, ganz gleich, wie loyal er gegenüber anderen Traditionen seines Volkes ist. Wie der bekannte Jude Martin Buber es ausdrückte: »Wer immer Jesus als historische Persönlichkeit ansieht, möge er auch noch so hoch stehen, kann zu uns gehören, doch wer Jesus als den bereits gekommenen Messias anerkennt, kann nicht zu uns gehören.«

Was steckt dahinter, dass Juden Jesus als Gott ablehnen?

Jesus als Messias

Nehmen wir zuerst seine Stellung als Messias. Für Juden gibt es mindestens vier gute Gründe, diesen Anspruch Jesu zurückzuweisen.

Sein Tod

Der erste Grund ist sein entwürdigender Tod. In den Augen der Römer starb er als verurteilter Terrorist; in den Augen der Juden als Gotteslästerer. Noch schlimmer, er wurde auf eine Art und Weise hingerichtet, die die Juden immer als verflucht angesehen hatten: »*Denn ein Aufgehängter ist ein Fluch Gottes*« (5Mo 21,23). Und als wäre das nicht schon schlimm genug, bekannte er mit seinen letzten Worten, dass er von Gott verlassen wurde: »*Mein Gott, mein Gott, warum hast du mich verlassen?*« (Mk 15,34).

Wenn dieses Argument tatsächlich so stark ist, wie Juden behaupten, sollten sie Jesus in der Tat vollständig ablehnen. In dieser Hinsicht war die frühe jüdische Haltung konsequenter als die heutige. Mit jemandem, der von Gott verflucht wurde, kann man keine halben Sachen machen. Für Anbeter dieses Gottes ist es ziemlich unpassend, die Tugenden des Opfers zu rühmen. Er sollte »*außerhalb des Lagers*« gelassen werden, wo alle verfluchten Dinge hingehören. Dass sie Christus als verflucht ansehen und anschließend Zugeständnisse machen, und sogar seine Tugenden preisen und ihn als gutes Beispiel loben, zeigt, dass für sie mit dem Kreuz doch nicht das letzteWort gesprochen ist.

Außerdem ist es merkwürdig, dass die frühen Christen gerade das Kreuz zum Kern ihrer Botschaft gemacht haben, wenn es doch so entschieden gegen Jesus spricht. Das finden wir bereits in einem der frühesten Bücher des Neuen Testaments, Paulus' Brief an die Galater: »*Mir aber sei es fern, mich zu rühmen als nur des Kreuzes unseres Herrn Jesus Christus*« (Gal 6,14). Diese Tendenz begann aber nicht erst mit Paulus. Laut Apostelgeschichte 2,23 tat Petrus das gleiche zu Pfingsten: »*Diesen Mann, der nach dem bestimmten Ratschluss und nach Vorkenntnis Gottes hingegeben worden ist, habt ihr durch die Hand von Gesetzlosen an das Kreuz geschlagen und umgebracht.*« Den Evangelien zufolge geht diese Betonung des Kreuzes auf Jesus selbst zurück. Matthäus, Markus und Lukas berichten allesamt: Er lehrte, dass er in die Welt gekommen war, »*um ... sein Leben zu geben als Lösegeld für viele*« (Mk 10,45).

Im Grunde rühmten sich die frühen Gläubigen (und die Christen seit jeher) einer Sache, derer sie sich den Juden zufolge hätten schämen müssen. Warum? Zum einen konnten sie auf etwas verweisen, von dem sie klare Anzeichen im Alten Testament zu finden meinten: Dass der Messias nicht nur eine herrliche, sondern ebenso eine erniedrigte Gestalt sein würde. Als Christus beispielsweise ausrief, dass er von Gott verlassen wurde, zitierte er schließlich die Worte Davids, Israels großen Königs, aus Psalm 22,2. War das ein Zeichen, dass David von Gott verworfen wurde? Und wenn der kommende Messias ein anderer David sein sollte, nur größer, warum sollten solche symbolhaften Erfahrungen seines Vorgängers für ihn nicht zulässig sein?

Der Prophet Jesaja sprach häufig vom »leidenden Knecht«. Den Juden zufolge war dieser Knecht natürlich das Volk Israel (eine Auslegung, die auch von vielen modernen christlichen Gelehrten geteilt wird). Doch die Einwände dagegen sind riesig. Es ist sehr schwer, diese Sicht mit dem zu vereinbaren, was Jesaja wirklich sagt. In der Prophezeiung waren die Juden diejenigen, an die er seine Botschaft richtete, und sie wollten sie nicht hören. Statt dieser Knecht zu sein, verwarfen sie Gottes Wort über den Knecht (Jes 53,1).

Und außerdem, akzeptieren die Juden wirklich, gerade nicht schön, herrlich und attraktiv zu sein (Jes 53,2)? Ist es historisch gesehen richtig, dass die Juden litten, ohne zu klagen (Jes 53,7)? Können sie von sich behaupten, sündlos zu sein wie der Knecht (Jes 53,9)? Und vor allem, können sie behaupten, dass sie für andere gelitten haben; dass ihr Leiden die Sünden anderer gesühnt hat; oder dass es anderen Frieden und Heilung gebracht hat? All das wird über die Leiden des Knechtes gesagt (Jes 53,4-6).

Akzeptieren wir jedoch, dass er mit seinen Worten Jesus meinte, stellen wir eine erstaunliche Übereinstimmung fest zwischen der Prophezeiung Jesajas und den Leiden Christi. Er wurde verachtet und verworfen. Er wurde für völlig unbedeutend und unattraktiv gehalten. Er war ein Mann der Schmerzen. Man sah ihn als von Gott verflucht an. Er wurde durchbohrt, geschlagen und misshandelt, und er blieb sanftmütig und stumm vor seinen Peinigern.

Die christliche Auslegung entspricht den Worten des Propheten. Was immer die Juden auch erwarteten, der von den Propheten vorausgesagte Messias sollte nicht als geehrter und prachtvoller Herrscher kommen. Er sollte ein demütiger Knecht sein, der Ablehnung und Leiden erfahren würde. Die Juden hatten eine lange Tradition, sich gegen die zu wenden, die Gott ihnen zur Führung und Belehrung sandte. So machten sie es mit Mose, David und praktisch allen großen Propheten. Der Messias sollte da keine Ausnahme bilden. Er würde der Eckstein sein, der von den Bauleuten verworfen wurde (Ps 118,22; 1Petr 2,7).

Die Apostel erkannten jedoch, dass Jesu Leiden die Erfüllung dessen waren, was über den Messias prophezeit war. Und darüber hinaus betrachteten sie, und alle Christen seitdem, die Leiden Christi als wesentlichen Bestandteil des Erlösungsplanes Gottes. Das Opfer Jesu war die Sühnung, die Gott für die Sünden der Menschen zur Verfügung stellte. Soweit es Christus selbst betraf, war dies der eigentliche Grund für sein Kommen in die Welt. Er kam, um sein Leben als Lösegeld für viele zu geben (Mk 10,45). So stellt das Neue Testament seinen Tod dar: nicht als Versehen oder Tragödie oder Märtyrertod, sondern als ein vom Vater und vom Sohn beschlossenes Opfer, das den Ungehorsam des Menschen gegenüber Gott wiedergutmachte. Von diesem Standpunkt aus betrachtet, war das Kreuz alles andere als sinnlos, sondern vielmehr der höchste Ausdruck der Liebe Gottes für die Welt (Joh 3,16).

Leider wollen die meisten heutigen Juden nichts davon wissen. Sie behaupten zum Beispiel, die Geschichte von

Abraham und Isaak (1Mo 22,1-19) würde zeigen, dass Gott Menschenopfer verbiete. Aber beweist es nicht das genaue Gegenteil? Gott hätte dem Patriarchen nicht etwas an sich Falsches befohlen. Als Johannes der Täufer ausrief: »*Siehe, das Lamm Gottes!*« (Joh 1,36), spielte er damit wahrscheinlich auf Abrahams Worte in 1. Mose 22,8 an: »*Gott wird sich das Schaf zum Brandopfer ersehen.*«

Der ganze Gedanke an ein Sündopfer ist vielen Juden heute zuwider. Was sie betrifft, gibt es so etwas wie Erbsünde gar nicht; und für tatsächliche Sünden ist die Buße eine ausreichende Sühnung. Wie es ein führender jüdischer Lehrer ausdrückt: »Wenn der Mensch vom rechten Weg abkommt und in Sünde fällt, beseitigen Reue und Buße die Spuren seiner Übertretung und stellen die Harmonie zwischen ihm und seinem Schöpfer wieder her«[7].

Das offenbart ein modernes Judentum, das sich völlig von dem des Alten Testaments unterscheidet. Der Exodus selbst, die Geburt der Nation, war auf das Passahopfer angewiesen; und das Leben des Volkes hing von dem nicht endenden Ritual täglicher, wöchentlicher, monatlicher und jährlicher Opfer ab. Jedes Jahr musste es einen Versöhnungstag geben. Der leidende Knecht selbst sollte ein Opfer sein: der Herr machte sein Leben zu einem Schuldopfer (Jes 53,10). Eine Religion, die keine Priesterschaft hat, keine Opfer bringt und kein Empfinden für Sünde besitzt, hat kaum noch etwas zu tun mit dem Glauben der Patriarchen, Propheten und Psalmisten.

Umgekehrt ist es, wie der Schreiber des Hebräerbriefes aufzeigt, schwerlich zu erkennen, wie diese alten Opfer (»*das*

[7] Isidore Epstein, *Judaism*, 1979, S. 142

Blut von Böcken und Stieren und die Asche einer jungen Kuh, auf die Unreinen gesprengt«, Hebr 9,13) mehr als Symbole und Vorschattierungen sein könnten. Und was ihre Erfüllung angeht, kann man sich kaum etwas Herrlicheres vorstellen als die christliche Sühnelehre, der zufolge Gott als Mensch unseren Platz einnimmt und nicht nur opfert, sondern selbst das Opfer wird. Ob es nun wahr ist oder nicht, etwas Größeres (und somit Gott Ähnlicheres) ist unvorstellbar. Wenn man das berücksichtigt, ist der Tod auf Golgatha alles andere als die Schande des Messias, er ist sein krönender Ruhm.

Doch das Wichtigste gilt es noch zu sagen. Gott hat dem Kreuz nicht das letzte Wort überlassen. Er hat Christus aus den Toten auferweckt. Nicht, dass dies der einzige Beweis war, dass Jesus der Messias war. Während seines ganzen Lebens, wie Petrus seine Zuhörer zu Pfingsten erinnerte (Apg 2,22), hat Gott Jesus durch eine lange Reihe von »*Machttaten und Wunder und Zeichen*« bestätigt. Und als Johannes der Täufer durch Gesandte fragen ließ, ob Jesus wirklich der Messias wäre, wies Jesus auf diese »Zeichen« hin: »*Geht hin und verkündet Johannes, was ihr hört und seht: Blinde werden sehend, und Lahme gehen, Aussätzige werden gereinigt, und Taube hören, und Tote werden auferweckt, und Armen wird gute Botschaft verkündigt*« (Mt 11,4ff.).

Die Auferstehung war der größte Beweis, dass Jesus der Messias war. Das Kreuz sah wie das Ende Jesu aus. Es schien nicht nur den Hass und die Ablehnung der Menschen auszudrücken, sondern ebenso die Zurückweisung Gottes. Es zerstörte sogar den Glauben der Jünger. Aber die Auferstehung kehrte das alles um. Sie zeigte, dass das Grab ihn nicht halten konnte. Sie bestätigte seine Ansprüche. Sie verkündete Gottes Zustimmung. Sie gab den Jüngern eine lebendige Hoffnung zurück (1Petr 1,3).

Diese Schlussfolgerungen kann man nur umgehen, wenn man die Auferstehung selbst leugnet: wenn man abstreitet, dass er von Maria Magdalena, Petrus, den elf Jüngern und einmal sogar von nicht weniger als 500 Jüngern gesehen wurde (1Kor 15,6); und wenn man Paulus' Erfahrung auf der Straße nach Damaskus (Apg 9,4) und die der ganzen Gemeinde zu Pfingsten leugnet (Apg 2,33). Wenn Christus auferstanden ist, ist er der Messias. Wenn Christus auferstanden ist, ist er all das, was Christen über ihn sagen.

Der Messias der Welt

Zweitens erkennen Juden Jesus nicht als den Messias an, weil er die einzigartige Stellung Israels zurückwies und behauptete, nicht nur der Messias der Juden, sondern der der ganzen Welt zu sein. Er erklärte, dass andere Menschen zu exakt denselben Bedingungen ins Reich Gottes kommen wie »das auserwählte Volk.« Von Beginn seines Dienstes an erregte das Anstoß. Als er seine erste Predigt in der Synagoge seiner Heimatstadt Nazareth hielt, hatte jeder eine gute Meinung über ihn, bis er davon sprach, dass Gott an der ganzen Welt gelegen sei. Das zeige sich darin, dass Elia der Witwe von Sarepta und Elisa dem Syrer Naaman dienten: »*Und alle in der Synagoge wurden von Wut erfüllt, als sie dies hörten. Und sie standen auf und stießen ihn zur Stadt hinaus*« (Lk 4,28-29).

Mit dieser Einstellung sind Juden heute wie damals jedoch ihrer eigenen biblischen Überlieferung zutiefst untreu. Gott hatte Abraham berufen, um alle Nationen der Erde zu segnen (1Mo 22,18); und der Prophet Joel hatte vorausgesagt, dass Gott in der Zukunft seinen Geist über alle Menschen ausgießen würde (Joe 3,1). Indem er gute Nachrichten für die Nationen verkündete, tat Jesus nicht mehr, als das Alte Testament verheißen hatte. Er machte Israel bloß auf seine wahre Berufung als Segenskanal für die ganze Welt aufmerksam.

Andererseits stimmt es nicht ganz, dass Jesus Israels einzigartige Stellung zurückwies. Viele Christen glauben, dass Israel noch immer etwas Besonders für Gott ist: die Juden werden um der Patriarchen willen geliebt (Röm 11,28). Eines Tages wird Gott ihnen zeigen, dass Jesus ihr Messias ist, und sowohl die Gemeinde als auch die ganze Welt werden davon sehr profitieren. Kurz gesagt, es wird nichts Geringeres sein als »*Leben aus den Toten*« (Röm 11,15).

Keine politische Wiederherstellung

Drittens lehnen Juden Jesus ab, weil er keine politische Wiederherstellung versprach. Sie sehen den Messias als den menschlichen, sterblichen Nachkommen Davids, berufen, den Thron Davids wiederherzustellen und Israel politisch zu rehabilitieren. Das ist die Voraussetzung für jeden moralischen und geistlichen Einfluss, den Israel haben könnte; und die messianischen Vorhersagen der Propheten beziehen sich auf jeden Fall ausschließlich auf eine *irdische* Zukunft.

So sahen auch die Juden zur Zeit Jesu die Dinge. Deshalb hat er wahrscheinlich auch nie von sich selbst als dem Messias gesprochen. Der Begriff war zu irreführend. Sogar seine eigenen Jünger hegten die Hoffnung auf eine irdische Herrlichkeit. Sie drängten ihn, ihnen mitzuteilen, wann er das jüdische Reich wiederherstellen würde (Apg 1,7), und träumten von prächtigen und herausragenden Positionen für sich selbst (Mk 10,37). Jesus brachte all diese Vorstellungen zum Schweigen, nicht nur durch seine sachliche Feststellung, dass sein »*Reich nicht von dieser Welt ist*«, sondern auch durch noch viel bedeutendere Äußerungen. Er war nicht gekommen, um bedient zu werden, sondern um zu dienen (Mk 10,45). In seinem Reich waren die Segnungen geistlicher Natur und der König wusch seinen Untertanen die Füße (Joh 13,5).

Verriet Jesus dadurch die ursprüngliche jüdische Vorstellung, wie sie das Alte Testament deutlich macht? Sicher nicht. Die wichtigste Verheißung an Israel war geistlich: »*Um dir Gott zu sein*« (1Mo 17,7). Wäre es eine politische oder ökonomische Verheißung gewesen, wäre sie unerfüllt geblieben, zumindest was Abraham betrifft. Er besaß nicht einmal ein Stück Land, um Sara darauf zu beerdigen. Über weite Strecken zeichnet das Alte Testament dasselbe Bild. Hin und wieder gab es Augenblicke von Wohlstand und nationalem Ansehen. Doch meistens war das Leben Israels voller Kämpfe, Armut, Entbehrungen, Exilierung und Unterdrückung. Das galt *ganz besonders* für den treuen Überrest. Sie waren die wahren Erben der Verheißung. Aber sie waren arm und geplagt; die Gottlosen waren reich und mächtig.

Wenn die Propheten von der Zukunft sprachen, beschränkten sie sich gewiss nicht auf politische Verheißungen. Der Knecht (ob Nation oder Messias) würde Frieden, Gerechtigkeit und Heilung bringen. Er sollte von Sünde erlösen und für die Übertreter Fürbitte tun (Jes 53,5.11.12). Amos tadelte seine Zeitgenossen, da sie sich den Tag des Herrn herbeisehnten (die Zeit des Messias), nur weil er für die Juden Freude und hohes Ansehen bedeutete. Er sagte voraus, dass er Finsternis, und nicht Licht bringen würde. Und für Joel, wie wir bereits gesehen haben, war das Wichtigste an den letzten Tagen nicht die Gründung eines neuen jüdischen Reiches, sondern die Ausgießung des Geistes auf alle Menschen.

So gesehen, war Jesus der Hoffnung Israels nicht untreu. Es ist eine Frage des Standpunkts, welche Vorstellung von Christus ruhmreicher ist, die der Juden oder die der Christen. Es ließe sich gewiss noch viel darüber sagen, dass derjenige, der den Menschen geistliches Licht, Frieden und Kraft bringt, mehr gibt als der, der das Verlangen nach Broten und Fischen stillt oder die Gier nach nationalem Stolz erfüllt.

Anderseits sollte man diesen Gegensatz auch nicht zu sehr überbetonen. Als er auf der Erde war, heilte Jesus Menschen ebenso körperlich wie seelisch; und der christlichen Hoffnung zufolge sorgt er nicht nur für eine körperliche Auferstehung, sondern auch für geistliche Erneuerung. Die Verheißung, dass der Same Abrahams die Erde erben wird, besteht immer noch. Die ganze Schöpfung wartet sehnsüchtig auf die Offenbarung der Söhne Gottes (Röm 8,19).

Kein Respekt vor der Tradition

Viertens behaupten Juden, dass Jesus nicht der Messias sein kann, weil er keinen Respekt vor den traditionellen Auslegungen des Gesetzes hatte. Die Übereinstimmung mit diesen Traditionen gibt einem Juden seine Identität, und ihre

Aufhebung bedeutet, dem Judentum seine Lebenskraft zu nehmen.

Bemerkenswert ist jedoch, dass Jesus nicht der Respektlosigkeit gegenüber dem Gesetz (Tora) als solches beschuldigt wird. Für das Alte Testament an sich hatte er höchste Achtung. Er erklärte, dass er nicht gekommen war, um das Gesetz und die Propheten aufzulösen, sondern um sie zu erfüllen (Mt 5,17). Er verwies immer wieder auf sie, wenn man sein Verhalten oder seine Lehren infrage stellte. Das Problem, so wie Jesus es sah, war nicht, dass die Juden das Gesetz zu ernst nahmen, sondern nicht ernst genug. Sie erklärten das Wort Gottes durch ihre Überlieferungen für ungültig (Mk 7,13). Christus wollte nicht weniger, sondern unendlich viel mehr. Die Gerechtigkeit des Christen muss die der Pharisäer *übertreffen* (Mt 5,20). Die Überlieferungen umgingen sogar oft das Gesetz. Sie sagten einem, wann es *nicht* nötig war zu lieben; wann man eine Ehe *scheiden konnte*; und wann man den Sabbat *brechen* durfte. Was Jesus betraf, so war das Gebot der Liebe *immer* gültig und jedes Jota oder Strichlein des Gesetzes besaß endgültige Autorität.

Der Sohn Gottes?

Juden lehnen auch die Vorstellung ab, dass Jesus in einzigartiger und besonderer Weise der Sohn Gottes und somit selbst Gott ist. Diese Zurückweisung stützen sie ebenfalls mit konkreten Argumenten.

Erstens behaupten sie, dass die Urchristen Jesus nicht als Gott ansahen. Sie unterschieden sich von den Juden nur darin, dass sie ihn als Messias akzeptierten (als rein menschliche Person). Erst später (durch den Einfluss von Paulus) begannen Christen ihn als göttliche Person anzuerkennen. Genau das machte den Bruch mit dem Judentum unvermeidlich.

Diese Behauptungen bringen aber ein offensichtliches Problem mit sich: Der Bruch mit dem Judentum fand lange vor dem Apostel Paulus statt. Er geschah noch zu Lebzeiten Christi. Er lebte in offenem Konflikt mit den Pharisäern, rief über sie sein berühmtes Wehe aus (Mt 23,13-39) und wurde auf ihre Initiative hin gekreuzigt. Außerdem weisen alle uns vorliegenden Berichte von der Kreuzigung deutlich darauf hin, dass sie stattfand, weil die Juden den Anspruch Jesu für gotteslästerlich hielten. Das finden wir beispielsweise in Markus 14,61ff. Bei seinem Prozess verheimlichte Jesus nicht, dass er sich als »*Sohn des Hochgelobten*« sah. Er bestätigte sogar, dass sie ihn eines Tages sehen würden, wie er zur Rechten der Macht sitzt und mit den Wolken des Himmels kommt. Die Reaktion des Hohenpriesters war absolut vorhersehbar: »*Der Hohepriester aber zerriss seine Kleider und spricht: Was brauchen wir noch Zeugen? Ihr habt die Lästerung gehört. Was meint ihr? Sie verurteilten ihn aber alle, dass er des Todes schuldig sei*« (Mk 14,63-64).

Die Wahrheit ist: Wie die Evangelien zeigen (unsere einzige maßgebliche Informationsquelle über Jesus), sprach Jesus wiederholt auf eine Weise, die deutlich machte, dass er sich als Gott sah. Er ließ sich »Herr« nennen. Er redete von sich als dem Sohn Gottes und zu Gott als seinem Vater (Abba). Er beanspruchte Vorrechte, wie die Sünden zu vergeben, und er ließ sich verehren.

Als Paulus anfing, seine Briefe zu schreiben, waren nicht viel mehr als zehn Jahre seit dem Tod Jesu vergangen. Viele von seinen engen Vertrauten waren noch am Leben und beteten Jesus an: vor allem Männer wie Petrus, Jakobus und Johannes. Jakobus' Fall ist besonders interessant. Sein Brief ist möglicherweise älter als alle anderen. Er war ein Bruder Jesu und unter den Juden sehr angesehen. Aber trotzdem hielt er Jesus unzweifelhaft für Gott. Er nannte ihn *Herr* (Jak 1,1) und sprach sogar vom *Herrn der Herrlichkeit* (Jak 2,1) und von sich selbst nicht nur als dem Knecht/Sklaven Gottes, sondern auch als dem Knecht/Sklaven des Herrn Jesus Christus.

Darüber hinaus gab es noch die Auferstehung. Wäre Christus im Tod geblieben, wäre es für Paulus (und für jeden anderen) unmöglich gewesen, auch nur einen Juden davon zu überzeugen, dass er Gott war. Doch der Beweis, dass Jesus auferstanden war, wog schwer – besonders für die Apostel, da sie ihn selbst gesehen hatten.

So müssen wir die Frage stellen: Wie, wenn nicht durch die Auferstehung Christi, können wir Paulus' Glauben überhaupt erklären? Warum betete er Jesus denn an, wenn nicht das wirklich passiert ist, was ihm auf der Straße nach Damaskus widerfahren war: seine Begegnung mit dem auferstandenen Christus? Und wenn Jesus auferstanden ist, ist sein Anspruch, Gott zu sein, vollkommen richtig und glaubwürdig, ja sogar unbestreitbar.

Wir können Paulus nicht heranziehen, um den Ursprung des Christentums zu erklären. Wir brauchen das Christentum, um Paulus zu erklären.

Ein Widerspruch zur Einheit Gottes

Der zweite jüdische Einwand gegen Jesus als dem Sohn Gottes: Es steht im Widerspruch zur Einheit Gottes. Wenn die Lehre von der Dreieinheit richtig ist, dann gibt es drei Götter. Wir können wir dann sagen: »*Höre, Israel: Der Herr, unser Gott, ist* ***ein*** *Herr!*« (Elberfelder 2003).

Unsere Antwort darauf ist natürlich, dass wir unsere Vorstellung von der Einheit Gottes seinem Wort entnehmen müssen, nicht unserem eigenen Denken. Wie können sich Juden einige erstaunliche Besonderheiten ihrer eigenen Schriften erklären: dass der Name für Gott im Plural steht; dass er in 1. Mose 1,26 sagt: »*Lasst* ***uns***«; und dass er in Jesaja verkündet: »*Wer wird für* ***uns*** *gehen?*« Wer war der Geist Gottes? Wer war der Engel des Herrn?

Noch grundlegender: Die Vorstellung eines Gottes, der unzählige Zeitalter als ein einzelnes Wesen existiert, bringt einige große Schwierigkeiten mit sich. Konnte sich ein solches Wesen seiner selbst bewusst sein? Konnte er eine Person sein (wenn er nichts hatte, mit dem er in Beziehung treten konnte)? Konnte er selig (glücklich) sein? Konnte er Liebe sein, wenn er doch niemandem hatte, den er lieben konnte? Warum befähigte er den Menschen, den er doch in seinem Bild schuf, zur Gemeinschaft, wenn er selbst gar keine Gemeinschaft kannte? Und außerdem, ist ein solches Wesen das höchste, das man sich vorstellen kann? Sicher nicht. Der

Verstand kann sich kein größeres Geheimnis vorstellen als ein Wesen, das drei in einem ist; oder eine höhere Existenzform als die einer tiefen Liebesgemeinschaft; oder eine herrlichere Erklärung für die göttliche Unabhängigkeit als Vater, Sohn und Heiliger Geist, die ewig zueinander hin leben. Wenn wir das erst einmal erkannt haben, würde uns nichts Geringeres zufriedenstellen und nichts Höheres wäre erwünscht. Wir müssen uns entscheiden: Diese Lehre ist entweder zu gut, um wahr zu sein, oder gut genug dafür.

Der Messias ist nicht Gott

Drittens wenden Juden ein, dass der erwartete Messias kein göttliches oder gar ein übernatürliches Wesen gewesen sei. Er hätte nicht das Recht gehabt, Sünden zu vergeben. Noch weniger dürfe er mit Gott verwechselt werden. Noch ein Zitat von Rabbi Isidore Epstein: »Der Messias ist höchstens ein sterblicher Führer, der maßgeblich an der vollständigen Wiederherstellung Israels in seinem Heimatland beteiligt sein wird, und durch ein wiederhergestelltes Israel die moralische und geistliche Erneuerung der ganzen Menschheit herbeiführen und alle Menschen zu tauglichen Bürgern des Reiches machen wird«[8].

Ein Nachteil dieser normalen jüdischen Sichtweise über den Messias ist, dass er nicht gekommen ist: Immer weniger Juden scheinen zu glauben, dass er *jemals* kommen wird. Wenn man Jesus als Messias leugnet, dann sieht es ganz danach aus, als könne man die Hoffnung auf den Messias gleich ganz aufgeben.

---

[8] *Judaism*, S. 140

Ein weiteres Problem ist, dass eine solche Sicht wohl kaum des Messias würdig ist. Sie ist nationalistisch und materialistisch. Sie befasst sich nicht mit dem tiefsten Problem des Menschen: seiner Sünde. Sie hat auch keine Antwort auf seine größte Angst: den Tod. Sie entspricht nicht seinen höchsten Vorstellungen: ein Messias, der unser Leid persönlich teilt, unsere Sünde trägt, den Tod besiegt, Leben und Unsterblichkeit bewirkt und unser Herz mit der Aussicht auf einen neuen Himmel und eine neue Erde erfüllt.

Doch die wichtigste Frage ist: Entspricht die jüdische Erwartung der Verheißung Gottes? Angenommen, sie warteten nur auf jemanden, der Israels Herrlichkeit wiederherstellen und seine Feinde beschämen sollte. Aber ist das die Hoffnung, zu der ihnen das Alte Testament Anlass gab? Jesus war anderer Meinung. Selbst seinen Jüngern warf er vor, töricht und »*im Herzen zu träge* [zu sein], *an alles zu glauben, was die Propheten geredet haben*« (Lk 24,25). Diese Kritik ist vollkommen berechtigt. Der Ausdruck *Messias* findet sich zum ersten Mal in Psalm 2,2: »*Fürsten tun sich zusammen gegen den HERRN und seinen* ***Gesalbten****.*« In diesem Psalm ist der Messias eindeutig der Sohn Gottes, prachtvoll genug, um über die ganze Welt zu herrschen, und unbezwingbar und zu fürchten, wenn er herausgefordert wird. Alle werden aufgerufen, ihm Treue zu geloben und dem Herrn zu dienen: »*Küsst den Sohn, dass er nicht zürne und ihr umkommt auf dem Weg*« (Ps 2,12). Andere alttestamentliche Stellen benutzen ähnliche Begriffe. Laut Psalm 96,13 und Psalm 98,9 wird der Herr selbst kommen, um sein Volk wiederherzustellen.

Niemand geringeres als ein göttlicher Messias könnte

derartigen Erwartungen gerecht werden. Wenn wir erst einmal einen flüchtigen Blick auf einen solchen Erlöser geworfen haben, wird uns nichts anderes zufriedenstellen können. Als Reaktion auf die Segnungen unseres Glaubens müssen wir sagen können: »*Was kein Auge gesehen und kein Ohr gehört hat und in keines Menschen Herz gekommen ist, was Gott denen bereitet hat, die ihn lieben*« (1Kor 2,9).

Ein Christ kann das sagen. Aber kann es auch ein Jude? Für ihn ist das, was Gott bereitet hat, sogar geringer als unsere menschlichen Hoffnungen.

Islam

Mohammed, 570 n. Chr. in Mekka geboren, hatte Kontakt zu Juden und Christen in seiner Heimatstadt und in Medina, wohin er 622 n. Chr. floh. Leider war die Art von Christentum, die er zu seiner Zeit vorfand, hoffnungslos verfälscht und seine eigene Religion war in großen Teilen eine Reaktion darauf.

In gewisser Hinsicht hatte Mohammed eine hohe Meinung von Jesus. Er betrachtete ihn als einen Propheten (sogar als einen der Größten unter den Propheten) und seine Nachfolger als vollkommen hingegeben und somit authentisch. So wie die Juden waren die Christen ein »Volk des Buches«. An einer Stelle schreibt er im Koran: »Wenn das Volk des Buches an Gott glaubt und ihn fürchtet, sollten wir ihre Sünden sühnen und sie in die Gärten der Wonne führen: und wenn sie sich an das Evangelium halten und an das, was ihnen über ihren Herrn geoffenbart wurde, sollen sie von dem, was über und von dem was unter ihren Füßen ist, essen. Unter ihnen ist ein gerechtes Volk, aber böse ist, was viele von ihnen tun« (Fünfte Sure). In einer anderen Sure findet sich eine Geschichte der frühen Jahre Christi, einschließlich einigen Berichten über Mariä Verkündigung und die frühen Jahre Johannes des Täufers. Im Großen und Ganzen war Mohammed der Ansicht, dass die christlichen Schriften die für ihre Zeit gültige Wahrheit repräsentierten, aber von der Offenbarung, die Gott *ihm* gegeben hatte, abgelöst wurden.

Mohammed selbst hat die Lehre von der Dreieinheit gründlich missverstanden. J. N. D. Anderson schrieb: »Es gibt nicht den geringsten Zweifel, dass er glaubte, die christliche Dreieinheit würde aus dem Vater, der Jungfrau und ihrem Kind bestehen.«[9] Das lässt sich leicht anhand des Korans bestätigen. Hier nur ein Beispiel: In Sure XIX.91 lesen wir: »Sie sagen: ›Der Gott der Gnade hat einen Nachkommen.‹ Da haben sie etwas Widerwärtiges getan! Es zerreißen fast die Himmel, und die Erde spaltet sich entzwei, und die Berge bersten in Stücke, dass sie dem Gott der Gnade einen Sohn zuschreiben, wenn es sich für den Gott der Gnade nicht geziemt, einen Sohn zu zeugen!« In einem solchen Zusammenhang konnte die Sohnschaft Jesu nur physisch verstanden werden. Sie war das Ergebnis der geschlechtlichen Vereinigung zwischen dem Vater und der Jungfrau Maria. Dass Mohammed das für gotteslästerlich hielt, überrascht nicht. So verstandene Einwände gegen die christliche Lehre verfehlen ihr Ziel natürlich. Christen haben nie an die Vorstellungen geglaubt, die Mohammed ihnen hier andichtet.

Dem Koran zufolge beanspruchte Jesus nie, Gott zu sein.

[9] *The World's Religions*, Inter-Varsity Fellowship, 1963, S. 62

Leider bestreitet der Koran auch, dass er am Kreuz starb. Er sagt, als die Juden ihn zu kreuzigen versuchten, nahm Gott ihn in den Himmel auf und jemand anders starb an seiner Stelle. Die eine Aussage ist nicht glaubwürdiger als die andere. Das Neue Testament macht deutlich, dass die Vorstellung von der Gottheit Christi nicht etwas war, das der Gemeinde allmählich klar wurde. Sie war von Anfang an da; oder zumindest sehr bald nach der Auferstehung. Wie wir gesehen haben, gab es keine Auseinandersetzung oder Diskussion darüber. Der in den frühsten Briefen (Galater, Jakobus, 1. Thessalonicher) dargestellte Standpunkt wurde ohne Auseinandersetzungen akzeptiert. Laut den Evangelien ging diese Haltung der Jünger zu Jesus direkt auf seine Haltung zu sich selbst zurück. Wie sie sonst hätte entstehen können, ist anders unmöglich zu begreifen. Wer Jesus als den Sohn Gottes verehrte, war ein eingefleischter Monotheist. Der Gedanke, einen Mensch als Gottheit zu verehren, wäre Jakobus (und Petrus, Paulus und Johannes) zuwider gewesen.

Wenn Jesus andererseits tatsächlich beanspruchte, Gott zu sein, müssen Muslime ihre Meinung von ihm korrigieren. Entweder müssen sie seine Ansprüche akzeptieren oder zurückweisen. Wenn sie sie akzeptieren, müssen sie ihn anbeten. Lehnen sie sie ab, müssen sie ihn uneingeschränkt zurückweisen. Ein Mensch, der sich selbst *Gott* nennt, kann kein Prophet sein. Entweder ist er ein Halunke oder ein Narr und gehört entweder an den Galgen (das dachten die Juden) oder in eine Anstalt (der normale Ort für Menschen, die sich für Gott oder für Napoleon halten).

Der wahre Grund für Mohammeds Abneigung gegenüber

der Lehre von der Dreieinheit hatte wahrscheinlich wenig mit der Geschichte zu tun. Es war eine theologische Grundsatzfrage: nichts durfte die Einheit und Transzendenz Gottes bedrohen. Wie konnte der Hohe und Heilige Fleisch annehmen? (Petrus machte im Wesentlichen denselben Einwand geltend, als er in Johannes 13,8 sagte: »*Du sollst nie und nimmer meine Füße waschen!*«) Und wie konnte der eine Gott einen Sohn und einen Geist haben, die ihm in Wesen und Autorität völlig gleich waren? Schließlich begann der Islam mit Mohammeds wagemutiger Verurteilung des Götzendienstes in Mekka: Er konnte also kaum gutheißen, was er als die drei Götter der Christenheit ansah.

Was kann ein Christ dazu sagen? Noch einmal: Die Vorstellung von Gott als einem ewigen Einzelwesen ist sowohl äußerst schwierig als auch höchst unbefriedigend. Dass Gott einer ist, daran gibt es keinen Zweifel. Worüber man im Zweifel ist, ist das Wesen seines Einsseins. Dem Christentum zufolge ist es das Einssein einer ewigen Liebesgemeinschaft, in welcher der Vater, der Sohn und der Heilige Geist ein Wesen teilen und eine Autorität ausüben, und dennoch mit all der Wärme und Verbundenheit einer persönlichen Beziehung miteinander umgehen. Auf dem Spiel steht, ob Gott persönlich oder abstrakt ist: und wenn wir erst einmal begriffen haben, dass wir es mit dem ersteren zu tun haben, können wir auf die zweite Möglichkeit gerne verzichten.

Kapitel 8

Mormonen und Zeugen Jehovas

Mormonentum

Mormonen behaupten, ihre Lehre der Bibel zu entnehmen. Eine ihrer jüngsten Publikationen geht sogar soweit zu sagen, dass »die biblische Lehre die mormonische Lehre ist und die mormonische Lehre die Lehre der Bibel«[10]. Leider ist es damit nicht so einfach. Mormonen behaupten zudem, die »Offenbarung der letzten Tage« zu besitzen. Sie besteht im Wesentlichen aus dem *Buch Mormon*, ergänzt durch noch spätere Offenbarungen in *Lehre und Bündnisse* (Doctrine and Covenants), *Die köstliche Perle* (Pearl of Great Price) und durch die Erklärungen ihrer Präsidenten und anderer Funktionsträger. All das macht es recht schwierig für jeden, der genau wissen will, was die Mormonen lehren. Viele der in diesen Dokumenten enthaltenen Aussagen sind unverständlich. Viele weitere widersprechen sich gegenseitig: Was an einer Stelle gesagt wird, wird an anderer wieder zurückgenommen, und der Lernende erkennt, wie angreifbar er ist. Mormonen können jederzeit die eine oder die andere Aussage aus ihren heiligen Büchern zitieren, was den Anschein vermittelt, dass sie sich nicht an die Lehren halten, die ihnen zugeschrieben werden.

[10] *What the Mormons Think of Christ*, 1982, S. 3

Eines kann jedoch mit Sicherheit gesagt werden: Mormonen glauben, dass Jesus Christus der Sohn Gottes ist. Das Lamm Gottes ist der Sohn des ewigen Vaters und der Erlöser der Welt, wie wir in 1 Nephi 13,40 lesen. Er wird auch ausdrücklich der Einziggezeugte genannt: Isaaks Opferung war »ein Sinnbild für Gott und seinen Einziggezeugten Sohn« (Jakob 4,5). Aber wie sich herausstellt, bedeutet das etwas ganz anderes als im Christentum.

Erstens scheint das *Buch Mormon* Jesus auch als *den Vater* anzusehen. In Mosia 16,15 lesen wir beispielsweise: »Lehrt sie, dass die Erlösung durch Christus, den Herrn, kommt, der *wahrhaftig der ewige Vater* ist.« In Mormon 9,12 wird die Identifikation noch deutlicher: »Und wegen des Falles des Menschen kam Jesus Christus, ja, der Vater und der Sohn.« Nimmt man diese Aussagen wörtlich, dann sehen Mormonen keinen Unterschied zwischen dem Vater und dem Sohn. Damit sagen sie im Grunde, dass weder der Vater noch der Sohn wirklich existieren. Sie sind nur verschiedene Namen für dieselbe »Person«.

Zweitens scheinen Mormonen auch das genaue Gegenteil zu lehren: etwas, das dem Polytheismus (eine Vielzahl von Göttern) sehr ähnlich ist. Es ist schwer zu verstehen, wie es dazu kommen konnte, denn das *Buch Mormon* an sich betont die Einheit Gottes. In 2 Nephi 31,21 heißt es zum Beispiel: »Und nun siehe, dies ist die Lehre von Christus und die einzige und wahre Lehre vom Vater und vom Sohn und vom Heiligen Geist, die ein Gott sind ohne Ende.« Schon 1844 lehrte Joseph Smith (angeblich ein unfehlbarer Prophet) aber etwas völlig anderes: »Ich werde über die Pluralität der Götter predigen. Ich habe stets erklärt, dass Gott eine verschiedenartige Persönlichkeit ist. Dass Jesus Christus eine von Gott dem Vater zu unterscheidende Person, und dass der Heilige Geist eine andere Person und ein Geist war: und diese drei stellen drei verschiedene Personen und drei Götter dar.«

Smith kann seine Geringschätzung für die Lehre von der Dreieinheit nicht verbergen: »Viele sagen sogar, es gebe einen Gott; der Vater, der Sohn und der Heilige Geist sind nur ein einziger Gott. Ich sage, dass ist irgendwie ein seltsamer Gott – drei in einem, und einer in dreien! Das ist eine merkwürdige Aufteilung. … Sie alle sollen sich dem Sektierertum zufolge in einen Gott hineinzwängen. Dabei käme der größte Gott auf der ganzen Welt heraus. Er wäre ein auf wundersame Weise großer Gott – er wäre ein Riese oder ein Monstrum.«[11]

Abgesehen von allem anderen, wirft das ein riesiges Problem auf, was die Vereinbarkeit angeht. Joseph Smith und 2 Nephi 31,21 können nicht beide Recht haben. Smith scheint der Ansicht gewesen zu sein, dass die Welt nicht von Gott, sondern von den Göttern geschaffen wurde, und obschon es für *uns* (und für diese Erde) nur einen Gott gibt, haben andere Dinge und andere Planeten andere Götter. Diesen Standpunkt soll ein Argument stützen: dass im ganzen Alten Testament (und besonders in 1, Mose 1,26) das Wort für Gott im Plural steht – *Elohim*. Allerdings war es nicht die Absicht des Verfassers von 1. Mose, dass der göttliche Name so verstanden wird, als wäre mehr als ein Gott gemeint. Es wird immer mit Verben, Adjektiven und Pronomen im Singular benutzt.

---

[11] Sermon on The Christian Godhead – Plurality of Gods, zitiert in A. A. Hoekema, *The Four Major Cults*, 1969, S. 35

Drittens ist der Standpunkt der Mormonen über das Wesen der Sohnschaft Jesu erschreckend. Sie sehen ihn als den *physischen* Sohn Gottes an. In dem Dokument *What the Mormons Think of Christ* (Was Mormonen über Christus denken) wird das deutlich. Dort wird rhetorisch gefragt: »Ist er wirklich der Sohn Gottes, wie wir die Söhne sterblicher Väter sind? Oder war er der größte moralische und geistliche Lehrer aller Zeiten, wenn auch nicht der buchstäbliche, persönliche Nachkomme im Fleisch dieses erhöhten, persönlichen Wesens, das Gott der Vater ist?« (S. 6). Der hier nahegelegte Gedanke kommt auf der folgenden Seite noch klarer zum Tragen. »Viele verlässliche Studien unter heutigen Pastoren und Laien befassen sich mit dem Glauben an Christus als dem buchstäblichen Sohn Gottes. Nur wenige wissen, dass er so buchstäblich und persönlich der Sohn Gottes ist, wie andere Menschen die Söhne sterblicher Eltern sind.« In ihrem Kern leugnet diese spezielle Lehre, dass Gott ein Geistwesen ist: »Wenn man glaubt, dass Gott unpersönlich, nicht geschaffen, körperlos ... ein mystischer Drei-in-einem-Geist ist, der die Endlosigkeit erfüllt, kann man ihn unmöglich als den buchstäblichen Vater unseres Herrn akzeptieren.«

Im *Buch Mormon* werden solche Vorstellungen nur vage angedeutet. In 1 Nephi 11,18 lesen wir beispielsweise: »Siehe, die Jungfrau, die du siehst, ist die Mutter des Sohnes Gottes *nach der Weise des Fleisches*« (Hervorhebung durch den Autor). Eine noch unklarere Stelle, die auf etwas Ähnliches hinausläuft, findet sich in Mosia 15 (V. 2ff.): »Und weil er im Fleische wohnt, wird er der Sohn Gottes genannt werden, und weil er das Fleisch dem Willen des Vaters unterworfen hat, ist er der

Vater und der Sohn – der Vater, weil er durch die Macht Gottes empfangen worden ist, und der Sohn wegen des Fleisches.«

In einer späteren mormonischen Erklärung wird die Vorstellung von der buchstäblichen, physischen Sohnschaft Christi ganz deutlich. Präsident Brigham Young erklärte einmal, dass der Körper Christi von Adam (in der Jungfrau) gezeugt wurde, »nach derselben Weise wie die Tabernakel (d.h., die Körper) von Kain, Abel und der übrigen Söhne und Töchter Adams und Evas.« Joseph Fielding Smith und James E. Talmage versuchten, das Mormonentum von dieser Peinlichkeit zu befreien, machten die Sache aber nur noch schlimmer. Der Erstgenannte sagte: »Unser Vater im Himmel ist der Vater Jesu Christi, sowohl im Geist als auch im Fleisch.« Talmage hingegen äußerte: Christus ist »der Nachkomme einer sterblichen Mutter und eines unsterblichen, oder auferstandenen und verherrlichten, Vaters.« Was kann das anderes bedeuten, als dass Jesus Christus das Ergebnis einer körperlichen Vereinigung von Gott dem Vater und Maria war? Wie wir festgestellt haben, leugnen die Mormonen, dass Gott ein Geistwesen ist. Sowohl der Vater als auch der Sohn haben einen Körper aus Fleisch und Blut, so greifbar wie der eines Menschen. Das Mormonentum scheint *persönlich* mit *physisch* gleichzusetzen. In diesem Zusammenhang hat alles, was Gott tut, einschließlich zeugen, einen physischen Unterton.

Mormonischer Theologie zufolge ist Christus nicht göttlicher als der Rest von uns. Einerseits »lebten alle Menschen vor ihrer Geburt in einem vorirdischen Zustand.« Sie waren »Geistkinder des Vaters.« Der einzige Unterschied zu

Christus ist, dass er das erstgeborene Geistkind war. Laut *Lehre und Bündnisse* (93,21-23) soll er angeblich gesagt haben: »Ihr wart auch am Anfang beim Vater.« Von diesem Standpunkt aus ist Christus etwas älter, aber keineswegs größer.

Andererseits unterstellt das Mormonentum, dass Menschen zu Göttern werden können. Der Gedanke taucht im *Buch Mormon* nicht auf, wurde aber unmissverständlich von Joseph Smith gepredigt: »Dies nun ist ewiges Leben – den allein weisen und wahren Gott zu kennen; und ihr müsst lernen, wie ihr selbst zu Göttern werdet und zu Königen und Priestern Gottes. Dasselbe, was alle Götter vor euch getan haben, indem sie von der einen kleinen Stufe zur nächsten gegangen sind und von einer kleinen Kapazität zu einer größeren.« Wie die letzten Worte dieses Zitats nahelegen, waren alle Götter einmal Menschen. Dieser Gedanke wird ganz offen behauptet: Laut Smith »war Gott selbst einst, wie wir jetzt sind, und er ist ein erhöhter Mensch.« Der noch nicht so lange zurückliegend im Am befindliche Präsident Lorenzo Snow teilt uns mit: »Wie der Mensch ist, war Gott einst; wie Gott ist, kann der Mensch werden.«

Solche Vorstellungen müssen wohl kaum widerlegt werden. Das Mormonentum verlangt, dass man völlig auf seinen Verstand verzichtet: ein Glaube, den niemand nachvollziehen kann; Gehorsam gegenüber einer Übersetzung, deren Zuverlässigkeit wir nicht bestätigen können; und eine Rückkehr zu den übelsten Elementen heidnischer Mythologie. Die Loyalität, die dieses System fordert ist unbestritten. Es basiert jedoch nicht auf Argumenten, und kann daher auch nicht durch solche widerlegt werden.

Zeugen Jehovas

Im Gegensatz zu den Mormonen haben die Zeugen Jehovas keine maßgeblichen Bücher außer der Bibel. In der Praxis wurde die Bibel aber leider der traditionellen Wachturm-Theologie untergeordnet. Wenn wir wissen wollen, was Zeugen Jehovas glauben, wenden wir uns am besten an ihre offizielle Version der Heiligen Schrift: Die *Neue-Welt-Übersetzung* (überarbeitete Ausgabe, 1984, veröffentlicht von der Wachtturm-Bibel-und-Traktatgesellschaft in New York).

Jehova

Das erste, was dem Leser dieser Version auffällt, ist, wie häufig der Name *Jehova* auftaucht. Die Zeugen halten das für den einzig wahren Namen Gottes, und im Alten Testament dieser Übersetzung wird er ständig für die heilige Bezeichnung JHWH benutzt. Wir finden ihn aber auch im Neuen Testament: 237 Mal im Übersetzungstext und mehr als 70 Mal in den Fußnoten. Dafür gibt es aber absolut keine Rechtfertigung.

Im Originaltext des NT taucht der Name *Jehova* nicht ein einziges Mal auf. In der *Neuen-Welt-Übersetzung* wird er gelegentlich für *theos* (Gott) und häufig für *kyrios* (Herr) verwendet. Für das letztere gibt es eine gewisse Rechtfertigung: in der griechischen Übersetzung des Alten Testaments (bekannt als Septuaginta) wurde JHWH normalerweise mit *kyrios* wiedergegeben.

Aber die Zeugen Jehovas setzen das nicht einheitlich um. An theologisch entscheidenden Stellen übersetzen sie *kyrios* nicht mit *Jehova*. Das auffälligste Beispiel ist Philipper 2,11: »*Jesus Christus ist Herr.*« Wenn überhaupt irgendwo im Neuen Testament, dann sollten sie hier *kyrios* mit *Jehova* übersetzen. In Vers 9 wird uns mitgeteilt, dass der Name, der Jesus gegeben wurde, »*über jeden Namen ist*«; und die Worte in Vers 10 sind ein Zitat aus Jesaja 45,23 und beziehen sich ausdrücklich auf Jehova: »*Jedes Knie wird sich vor mir beugen, jede Zunge mir schwören.*« Wäre die *Neue-Welt-Übersetzung* konsequent, würde sie Philipper 2,11 mit »Jesus Christus ist Jehova« wiedergeben.

Christus

Das wäre aber ein zu hoher Preis für eine widerspruchsfreie Übersetzung. Die Zeugen Jehovas leugnen nämlich die Gottheit Christi, und in der *Neuen-Welt-Übersetzung* wurde diese Lehre aus den meisten (aber nicht allen) Stellen, die sie zu enthalten scheinen, entfernt. Das bekannteste Beispiel ist Johannes 1,1: »Das WORT war ein Gott« (wir haben diese Übersetzung bereits auf Seite 22ff besprochen). In Johannes 1,18 wird *theos* wieder ohne Großbuchstaben übersetzt, wenn es sich auf Jesus bezieht: »Kein Mensch hat GOTT jemals gesehen; der einziggezeugte Gott, der am Busen beim Vater ist, der hat über ihn Aufschluss gegeben.« Derselbe Ansatz wird in Johannes 10,33 verfolgt: »Die Juden antworteten ihm: ›Wir steinigen dich nicht wegen eines vortrefflichen Werkes, sondern wegen Lästerung, ja weil du, obwohl du ein Mensch bist, dich selbst zu einem Gott machst.‹« Mal abgesehen von grammatischen Überlegungen wird hier ungezügelte Vielgötterei betrieben; und wir können das Problem nicht durch eine gestaffelte Skala von Gottheiten lösen, wo an der höchsten Stelle ein Gott mit Großbuchstaben steht.

Die *Neue-Welt-Übersetzung* weicht auch bei der Übersetzung von Stellen wie Titus 2,13 von den Regeln der Grammatik ab. Die Tatsache, dass ein bestimmter Artikel vor den beiden Ausdrücken *des großen Gottes* und *unseres Retters Jesus Christus* (Schlachter 2000) steht, weist stark darauf hin, dass sie sich auf die eine Person beziehen: »*Unseres großen Gottes und Retters Jesus Christus.*« Aber die *Neue-Welt-Übersetzung* unterscheidet sie deutlich (und geradezu plump): »Wir warten auf die beglückende Hoffnung und das Offenbarwerden der Herrlichkeit des großen Gottes und [des] Retters von uns, Christus Jesus.« Dasselbe wurde mit 2. Petrus 1,1 gemacht, eine Stelle, die ähnlich aufgebaut ist. In der *Neuen-Welt-Übersetzung* heißt es: »Durch die Gerechtigkeit unseres Gottes und [des] Retters Jesus Christus.« Der in Klammern gesetzte bestimmte Artikel ist durch nichts im Text zu rechtfertigen.

Solche Interpretationen haben nicht das Geringste mit seriöser Übersetzungsarbeit zu tun. Sie spiegeln eine niveaulose theologische Voreingenommenheit wider. Die Zeugen Jehovas sind Unitarier: genauer gesagt, sie sind moderne Arianer. Eine offizielle Verlautbarung ihrer Glaubensüberzeugungen findet sich regelmäßig auf der ersten Seite ihres Magazins *Der Wachturm*, und darin erklären sie, dass »Jehova der einzig wahre Gott ist und der Schöpfer des Himmels und der Erde und der Urheber des Lebens seiner Geschöpfe.« Christus, das Wort, wird klar von Jehova unterschieden. Er ist ein Geschöpf: »Das Wort war der Anfang seiner Schöpfung.« Er war der Sprecher Gottes. Er war der

Generaldirektor Jehovas. Er war der Erzengel Michael. Er war ein Gott. Aber er war nicht ewig. Er ist nicht unsterblich. Und er ist nicht Gott.

Der Heilige Geist

Wenn die Zeugen Jehovas schon eine geringe Meinung von Christus haben, so denken sie über den Heiligen Geist noch geringer. Sie leugnen sowohl seine Gottheit als auch, dass er eine Person ist, und halten ihn nur für die »unsichtbare, aktive Kraft Gottes.« Diese Herabsetzung wird sichtbar in der Typografie der *Neuen-Welt-Übersetzung.* Sie schreibt Worte, die sich auf Gott und auf Christus beziehen, groß, aber niemals das Wort *heilig* in Kombination mit dem Geist Gottes. Matthäus 28,19 gibt sie beispielsweise so wieder: »Geht daher hin, und macht Jünger aus Menschen aller Nationen, tauft sie im Namen des Vaters und des Sohnes und des heiligen Geistes.« Dasselbe finden wir in 2. Korinther 13,14 (in dt. Bibelübersetzung ist das 2Kor 13,13): »Die unverdiente Güte des Herrn Jesus Christus und die Liebe Gottes und der Anteil am heiligen Geist sei mit euch allen.«

Die Gottheit des Heiligen Geistes

Die Beweise für die Gottheit des Heiligen Geistes sind nicht so umfangreich wie für die Gottheit Christi, zum größten Teil, weil es die Aufgabe des Heiligen Geistes ist, die Aufmerksamkeit auf den Erlöser zu lenken, nicht auf sich selbst: »*Er wird mich verherrlichen, denn von dem Meinen wird er nehmen und euch verkündigen*« (Joh 16,14). Dennoch wird kein Zweifel an seinem göttlichen Wesen gelassen.

Erstens wird der Name Gottes für ihn nicht direkt, sondern indirekt angewendet. In Apostelgeschichte 5,3-4 wird das ganz deutlich. In Vers 3 beschuldigt Petrus Hananias, den *Heiligen Geist* belogen zu haben; in Vers 4, dass er *Gott* belogen hat. Das eine setzte das andere voraus. Das wird sogar in der *Neuen-Welt-Übersetzung* deutlich: »Du hast ein falsches Spiel getrieben, [und dies] nicht Menschen, sondern Gott gegenüber.« Dasselbe kann man aus 1. Korinther 3,16 folgern. Wenn der Heilige Geist in einem Menschen wohnt, bedeutet das, dass Gott in ihm wohnt: »*Wisst ihr nicht, dass ihr Gottes Tempel seid und der Geist Gottes in euch wohnt?*« Und ob nun mit oder ohne Großbuchstaben, in Matthäus 28,19 teilt sich der Heilige Geist mit dem Vater und dem Sohn denselben göttlichen Namen.

Zweitens betrachteten die Apostel den Heiligen Geist ebenso als Segensquelle der Erlösung wie den Vater und den Sohn. 2. Korinther 13,13 veranschaulicht das: »*Die Gnade des Herrn Jesus Christus und die Liebe Gottes und die Gemeinschaft des Heiligen Geistes sei mit euch allen!*« Das wird auch in den Grußworten in Offenbarung 1,4-5 angedeutet: »*Gnade euch und Friede von dem, der ist und der war und der kommt, und von den sieben Geistern, die vor seinem Thron sind, und von Jesus Christus.*« Der Ausdruck *den sieben Geistern* meint wahrscheinlich den siebenfachen Geist (vgl. Jes 11,2) oder den Heiligen Geist in seiner Fülle und Vollständigkeit (sieben ist das Symbol der Vollkommenheit). Die Worte des Missionsbefehls weisen in dieselbe Richtung. Wir sind auf den dreifachen Namen getauft, weil wir zu den drei Personen gehören; und dies, weil unsere Erlösung nicht allein das Werk des Vaters oder das Werk des Vaters und des Sohnes war, sondern das des Vaters, des Sohnes *und* des Heiligen Geistes.

Drittens, und das ist möglicherweise das Interessanteste von allem, sagt der Herr in Lukas 12,8-10, wie ernst es ist, etwas Böses über den Heiligen Geist auszusprechen: »Und jeder, der ein Wort gegen den Menschensohn redet, dem wird vergeben werden; dem aber, der gegen den heiligen Geist lästert, wird nicht vergeben werden« (*Neue-Welt-Übersetzung*). Das bedeutet nicht, dass der Heilige Geist größer ist als Christus. Aber die Herrlichkeit Christi ist durch seine Menschwerdung verschleiert, vor allem während seines irdischen Dienstes. So ist Unwissenheit bezüglich seiner Gottheit entschuldbar. Dass die Lästerung gegen den Heiligen Geist nicht vergeben wird, beweist eindeutig, dass seine Herrlichkeit der des Vaters und der des Sohnes vollkommen gleich ist.

Die Person des Heiligen Geistes

Die *Neue-Welt-Übersetzung* verrät sofort auch ihre Haltung zur *Person* des Heiligen Geistes: in der englischen Version spricht sie wiederholt von ihm als *es* oder *welcher.*

Im Neuen Testament wird jedoch wiederholt das maskuline Personalpronomen (*ekeinos*) auf den Heiligen Geist angewandt (so wie *elohim*, der Pluralname Gottes, immer mit einem Verb im Singular verwendet wird). Das sehen wir zum Beispiel in Johannes 16,8 (»***er** wird die Welt überführen von Sünde*«) und in Johannes 16,14 (»***er** wird mich verherrlichen*«). In diesen Stellen tritt die Person des Heiligen Geistes so stark hervor, dass sie sich über grammatikalische Faktoren hinwegsetzt.

Das ist aber nur ein Punkt in der unwiderstehlichen neutestamentlichen Beweisführung, dass der Heilige Geist eine Person ist, und nicht bloß eine abstrakte Kraft oder ein Einfluss. Wir wollen uns auf drei Punkte beschränken.

Erstens gibt es das Werk, das der Heilige Geist tut. Er ist der Fürsprecher (der Paraklet): nicht der göttliche Trost, sondern der göttlicher Tröster, der den Platz Christi einnehmen konnte, als dieser ging (Joh 14,16.18). Er überführt von Sünde (Joh 16,8). Er zeugt ebenso von Christus wie die Apostel (Joh 15,26-27). Er leitet uns, gibt uns Zeugnis und hilft uns (Röm 8,14.16.26). Er setzt sich sogar mit »*unaussprechlichen Seufzern*« für uns ein (Röm 8,26).

Zweitens ist da die Rolle des Heiligen Geistes im Leben der frühen Gemeinde. Der Heilige Geist sendet Männer zu einer neuen Arbeit aus: »*Der Heilige Geist sprach: Sondert mir nun Barnabas und Saulus zu dem Werk aus, zu dem ich sie berufen habe!*« (Apg 13,2). Später hält er sie zurück, in ein bestimmtes Gebiet zu gehen: »*Nachdem sie von dem Heiligen Geist verhindert worden waren, das Wort in Asien zu reden*« (Apg 16,6). In Apostelgeschichte 20,28 ernennt der Heilige Geist Männer zu Aufsehern der Gemeinde; und laut Apostelgeschichte 20,23 teilt er Paulus durch Propheten mit, dass »*Fesseln und Bedrängnisse*« auf ihn warteten. Für eine abstrakte Kraft hätte man sicherlich andere Worte gewählt.

Drittens ist da die Reaktion des Heiligen Geistes auf das Verhalten von Menschen. Die Sprache, die die Bibel in diesem Zusammenhang gebraucht, ergibt keinen Sinn, würde sie sich nicht auf eine Person beziehen. In Apostelgeschichte 5,3 wird Hananias beispielsweise beschuldigt, den Heiligen Geist *belogen* zu haben. Eine »unsichtbare, aktive Kraft« kann man nicht belügen. Ebenso wenig kann man sie *versuchen*, wie über Saphira gesagt wird (Apg 5,9). Noch weniger kann man so über sie reden, wie Jesaja es tut: »*Sie aber, sie sind widerspenstig gewesen und haben seinen heiligen Geist betrübt. Da wandelte er sich ihnen zum Feind: Er selbst kämpfte gegen sie*« (63,10). Das bildet den Hintergrund für Paulus' Worte in Epheser 4,30: »*Und betrübt nicht den Heiligen Geist Gottes, mit dem ihr versiegelt worden seid auf den Tag der Erlösung hin!*«

Wie H. C. G. Moule vor vielen Jahren sagte: »Nur eine Person kann von moralischem Unrecht *betrübt* werden.« In *Der Hirte des Hermas* (geschrieben vor Mitte des 2. Jahrhunderts) findet sich zu diesem Vers ein interessanter Kommentar: »Lege daher Traurigkeit ab, und plage nicht den Heiligen Geist, der in dir wohnt, damit er sich nicht unglückselig bei Gott gegen dich verwendet und dich verlässt« (M. 10.ii).

Schlussgedanken

Die Lehre von der Dreieinheit hatte offensichtlich keinen einfachen Stand im Lauf der Zeit. Wie all die Jahrhunderte zuvor erregt sie auch heute noch die Feindseligkeit jener, die eine vereinfachte Theologie bevorzugen. Aber die Einwände haben sich mit der Zeit kaum verändert. Und solange wir bei der begriffliche Ausdrucksweise noch ein ungutes Gefühl haben, müssen wir eben noch bessere Worte finden, um die Wahrheit von der Dreieinheit auszudrücken.

»Dies aber ist der allgemeine Glaube:
Wir verehren den e i n e n Gott
in der Dreifaltigkeit (trinitas)
und die Dreifaltigkeit in der Einheit,
ohne Vermischung der Personen
und ohne Trennung der Wesenheit (substantia).
Denn eine andere ist die Person des Vaters,
eine andere die des Sohnes,
eine andere die des Heiligen Geistes.
Aber der Vater und der Sohn und der Heilige Geist
haben nur e i n e Gottheit,
die gleiche Herrlichkeit, gleichewige Majestät.«

(Aus dem Athanasischen Glaubensbekenntnis)

Bibelstellenindex

Themenindex

Buchempfehlung

John Witmer

Immanuel, wahrer Mensch und wahrer Gott

Eine umfassende Darstellung der Person Jesu

Geb., 272 Seiten

John Witmer beschreibt in seinem Buch vier Phasen der Existenz des allmächtigen Sohnes Gottes: der Sohn, bevor er Mensch wurde; der Sohn des Menschen, der auf der Erde litt; der verherrlichte und zum Himmel aufgefahrene Christus und schließlich die ewige Herrschaft des Königs.

Best.-Nr. 273.494

EUR (D) 8,90* EUR (A) 9,20* SFR 13,50*

ISBN 978-3-89436-494-6

Buchempfehlung

A. M. Hodgkin

Die Schriften geben Zeugnis von mir

Christus in den Büchern der Bibel

Geb., 352 Seiten

A. M. Hodgkin zeigt uns, wie Jesus Christus die ganze Bibel durchdringt. Jedes Buch der Bibel wird untersucht, und es wird deutlich, dass die Bibel mehr ist als ein scheinbar unvollständiges Mosaik aus Büchern, die zusammenhanglos nebeneinander stehen.

Best.-Nr. 273.493

EUR (D) 8,90* EUR (A) 9,20* SFR 13,50*

ISBN 978-3-89436-493-9

Buchempfehlung

William MacDonald

So ist Gott

Bibelkurs über die Eigenschaften Gottes

Brosch., 304 Seiten

Gott hat Eigenschaften, die nur ihn auszeichnen (z. B. Allmacht), und Eigenschaften, die auch einen Jünger Jesu auszeichnen sollen (z. B. Heiligkeit, Liebe). Durch das Nachdenken über das Wesen Gottes soll unsere Ehrfurcht und Liebe zu Gott wachsen.

Best.-Nr. 273.561

EUR (D) 12,90 EUR (A) 13,30 SFR 19,50

ISBN 978-3-89436-561-5